어리둥절 깨달음

어리둥절 깨달음

• 고정해 지음

운주사

들어가며

생각이 손끝으로 달려 내려와 자판을 두드린다.
　탁탁탁... 손끝의 소리는 하얀 화면에 검은 점을 찍어 무늬를
만든다.

　'생각은 어디서 왔을까... 어떻게 생겨난 걸까...'

　모르는 기호와 숫자로 가득한 수학문제집을 마주하지 않아
도 되는 나이가 된 그녀는
　어느 날
　무심히 수학의 명강사가 풀어가는 방정식을 보고 잠시 멍해
진다.
　'나도 저렇게 쉽고 재밌게 풀이해 주는 스승을 만났더라면
수학이랑 절친이 될 수도 있었을 텐데...'
　다시는 만나지 않길 바라며 원수와 헤어지듯 보내버린 수학
문제집이 가던 길 멈추고 뒤돌아 보낸 아쉬운 눈길에 얼굴이
붉어진다.

"너만 아쉽냐. 나도 아쉽다."

X와 Y의 정체를 밝히고, 죄 없는 그들이 어찌하여 괴로움이 되었는지, 그들의 무죄를 증명하고 무릎 꿇을 수 있어야 한다.

어렵지만 재미있는 길.
이제 많은 사람들과 손잡고 함께 가고 싶다.
아쉬움 같은 건 남지 않을 그 길.
그러나,
아쉬움. 그 아이에게 감사한다.
"네가 나의 신발이 되어 주었기에..."

나의 어머니, 나의 스승이 되어준 삼라만상 우주법계 모든 인연들에게 감사한다.
주저 없이 손을 내밀어주신 운주사의 김시열 대표님과 수고 해주신 직원분들께 감사드리고,
온전한 사랑을 시시때때로 가르쳐준 은서와 윤서 고미에게 두손 모아 윙크를 보낸다.

아제 아제 바라아제 바라승아제 모지 사바하 하 하

1. 있는 것은 진짜 있는 것인가

"이젠 저녁 바람이 꽤 따뜻하네. 올핸 봄이 일찍 오시려나 봐."

빨래를 걸으며 엄마는 혼잣말을 중얼거렸다. 붉은 저녁노을과 버무려진 공기는 어제보다 한결 따뜻하게 느껴졌다. 오랜 시간 먼 길 걸어온 귀한 손님 대하듯 말하는 엄마의 봄에, 선정은 영락없이 또 생각의 블랙홀에 스위치가 켜짐을 느꼈다. 지금까지 아무런 의심 없이 자기가 사는 공간으로의 입장을 허락했던 봄이란 놈의 실체가 궁금해진 것이다.

"봄이 오면 겨울은 가야 하는데 어디로 간다는 걸까? 왜 개네들은 왔다 갔다 하는 거지? 어떻게 우리는 그걸 보고 세월이 흘러간다 라고 말하게 되었을까?"

"뭐라구?"

"얼음이 녹고 개구리가 울면 봄이라 했나? 그럼 얼음은 언제부터 녹은 거라고 말할 수 있을까. 덩어리가 점점 작아지는 듯보이기 시작할 때야? 아니면 덩어리가 없어져 아주 눈에 보이지 않을 때야? 저것 봐 엄마. 어제 저녁 집에 들어올 때만 해도 장독 밑에는 얼음이 있었거든. 근데 지금은 먹다가 남긴 과자 조각 같네."

"또, 또 헛소리 시작이다. 어째 요즘 조용하다 했다."

"얼음은 어제부터 조금씩 녹다가 오늘 마저 녹은 걸까, 아니면 오늘 아침 해 뜨고부터 녹은 걸까? 그럼 저건 얼음일까, 물일까? 아니면 얼음도 아니고 물도 아닌 걸까? 얼음과 물의 경계는 어디이고 언제일까? 엄마가 거둬들인 빨래들의 습기는 모두 어디로 흩어졌을까?"

선정은 별안간 십구 년 동안 이름 부르고 생각하고 말했던 것들이 유령이 되어 하나둘 사라지고 없어지는 것 같았다.

'십구 년이란 시간은 또 어떻게 내게 있다고 했던 걸까.'

"엄마 봄은 어디서 오는 게 아니었네. 그냥 사람들이……"

"애, 또 뭐래는 소리냐."

"그러니까 무슨 말이냐 하면, 겨울 속에 봄이…… 아니 계절이라는 것도 겨울이라는 것도 봄이라는 것도 아무것도 없는 거 같아. 그저 매 순간순간 있다고 생각하고 없다고 생각하는 '생각'만 있는 거 같아."

"아, 시끄러워. 이상한 소리 좀 그만하고 어여 씻기나 해."

"듣지를 못하니 시끄럽다고 말하고, 이해를 못하니 이상한 사람 만들고. 왜 사람들은 자기가 못 알아듣는 건 생각 못하구

다른 사람 보구 이상한 말을 한다고만 생각하는 거지? 그래 놓
곤 서로 말귀를 못 알아듣는다고 싸우고 말이야. 거 참."

"니가 맨날 이상한 소리만 씨부렁대니까 그렇지."

"이상한 소리? 이… 상… 한… 이라. 정상의 소리는 기준이
뭔데? 많은 사람들이 그렇다고 생각하는 거? 많은 사람. 그러
니까 그 많고 적음이 기준이 되는 거야?"

"저 저 저것 봐라, 내가 말 안 하게 생겼나. 니 머릿속은 온통
뒤죽박죽 섞여 있는 잔반통 같다니까. 아이스크림에 고추장
버무려 놓은 거 같은 거 아니? 에이 참! 비싼 밥 먹구 쉰 소리
한다는 말이 바로 널 두고 만들어진 말 같다니까, 아무래두."

"아하! 아이스크림에 고추장? 그거 참 독특한 맛이겠네. 언
제 한번 해 먹어 봐야지."

"내 원 참! 니 얘기 대꾸하구 있는 내가 바보지. 아니 넌 뭐
하늘에서 뚝 떨어졌니. 땅에서 솟았니? 십구 년 동안 멕여서
키워 놨더니 나이를 거꾸로 먹나. 꼭 다섯 살 수준 질문만 한다
니까. 넌 대한민국 서울에서 태어났구, 이 사람들과 함께 살아
가야 하는 사회적 동물일 수밖에 없는 거야. 너보다 똑똑한 많
은 사람들이 오랜 시간에 걸쳐 만들어 놓은 언어란 게 있고, 지
켜야 할 상식도 도덕도 법도 있는 거야."

"아니 엄마, 이건 그 얘기가 아니잖아. 내가 언제 사회생활을
안 한댔어? 도덕도 법도 잘 지키구 살구 있구만. 왜 이리 흥분

을 하구 그래."

"내가 흥분 안 하게 됐니? 아무튼 넌 좀 이상해. 뭐 좀 고분 고분 '네' 하는 게 하나도 없어 그냥. 에휴."

애꿎은 빨래만 손바닥으로 탁탁 치던 엄마는 조용히 넘어가나 했던 어제의 일을 기어이 입에 올렸다. 그렇다. 엄마가 별거 아닌 말에 이렇게 화가 난 건 바로 어제의 일 때문이란 걸 알았다.

"어제만 해두 그렇지. 목사님 뵙기 민망스러워 혼났네. 그 괴상한 머리로 하나님의 넓고 깊은 뜻을 어찌 알겠다고 그딴 소릴 해대는 건지 원. 아주 그냥 마귀놀음에 신나게 놀아나구 있어요. 어이구! 답답해 답답해."

"마귀? 헉! 엄만 딸이라고 그렇게 막말 해도 되는 거야? 아, 답답한 건 바로 나라구. 목사님이나 장로님이나 모두 내게 몰이해의 신앙을 강요하고 있잖아. 난 하나님을 무지의 경외심으로 믿기 싫다구. 이해하구 싶고 진실한 마음으로 믿고 싶단 말이야. 아니 어제도 난 구역예배 안 보겠다구 했는데 엄마가 억지로 앉혀 놨잖아."

"그럼, 나가던지. 어떻게 뻔히 집에 있으면서 목사님 오시는데 예배를 안 본다구 그래."

"아니 난 그냥 조용히 예배만 보고 일어나려고 했어. 근데 예배 때 엄마도 봤잖아. 혜선 아줌마 얼굴 어두워지는 거. 그 아줌마 첫아이 유산하구 결혼 십 년 만에 간신히 임신이 되어 잔뜩 들떠 있는데 하필 왜 그런 설교를 하시는 건지. 이브가 선악과를 따먹어서 에덴에서 추방당하게 되었고 그 벌로 이브에게 해산의 고통을 준 거라니 말이야. 센스가 없는 건지 머리가 안 좋으신 건지."

"저, 저, 저것이 그냥."

"목사님도 혜선 아줌마 표정에 순간 아차 싶으셨는지 얼른 '그러나 그것은 여자만이 가지는 축복이며 선물이라'고 하시잖아. 바로 쫌 전엔 벌이랬다 또 큰 축복이랬다 그러니까 내 머리론 이해도 안 되고 이해가 안 되니 접수도 안 되고 그러면서 또 물음표가 가지를 친 거지. 아니 그리고 죄를 지은 건 이브이고 이브는 사람이니까 그러면 사람에게만 벌을 주지 왜 다른 동물들에게도 모두 해산의 고통을 준 거냐고. 개도 닭도 소도 고양이도 암컷은 모두 이브인 거냐고. 이건 엄마 말마따나 오랜 세월 수정과 검증을 거쳐 만들어졌으니 잔말 말고 끄덕여야 하는 상식 같은 것도 아니구, 단군신화 이야기처럼 객관성이 무녀져도 되는 건국신화 뭐 그런 얘기도 아니라구. 전지전능한 하나님의 계획이고 명령이시라잖아. 그런 식으로 대충 보고 듣고 믿어 버리니까 진짜 하나님이 아니구 자기가 만든 하나님을 믿는 거라구 모두들. 난 그 얘기를 했을 뿐이야. 엄마두 생각 좀 해봐. 그럼 하나님이 이랬다는 거야?

'자, 이제부터 나는 사람이라는 동물을 만들어서 죄를 짓나 안 짓나 시험을 하구, 아마도 대다수는 죄를 짓고야 말 것으로 예상되니 죄를 지으면 가게 될 지옥도 만들구, 지옥이 곧 미어 터질 터이니 독생자 아들을 보내어 지옥의 인구를 분산시키도 록 해야겠군'이라고 말이야. 자기가 만든 작품이 좀 모자란 행 동을 했다고 저주를 퍼붓고 벌을 주고 그래? 나 같으면 안쓰러 워서 더 살뜰하게 보살펴 주겠구먼. 그건 벌이 무서워서 할 수 없이 믿는 거지, 절대적인 선한 신을 믿는 게 아니잖아? 만약 실수하지 않도록 완벽하게 만들 수 있는 능력자임에도 불구하 고 그렇게 만들었다면 그건 상당히 고의적이라고밖에 해석이 안 되는 고약한 폭군이고, 그렇게 만들어낼 수 없는 창조주라 면 우리가 경외심을 갖고 절대믿음을 가질 신의 자격이 없는 거 아냐? 그러고 보니 뱀의 유혹에 넘어가나 안 넘어가나 시험 하질 않나, 고령의 나이에 어렵사리 얻은 첫아들을 제물로 바 치나 안 바치나 비속살해를 강요하는 시험을 하질 않나. 그나 마 베푼 아량 덕분에 양을 대신 희생 제물로 바쳤다니 그 불쌍 한 양은 또 뭐냐구. 또 그런 제사들 모두 경건한 의식이라고 이 름 짓는 것도 너무 잔인하다고 생각하지 않아? 계속 자기에 대 한 절대적인 사랑을 확인해야 안심하는 자존감 바닥인 형편없 는 신을 말하고 있잖아.

아무튼 그렇게 자기들의 신을 설정해 놓으니 자기들도 하나님을 앞세워 철저하게 자발적으로 악행을 저지를 수 있게 된 거지. 그것도 아주 자랑스러운 몸짓으로 '우리는 그의 형상대로 만들어졌다'면서 말이지. 십자가 깃발을 휘두르며 무자비하게 살인을 저지른 십자군 전쟁이며 줄줄이 이어지는 전쟁들이 모두 자기들의 하나님을 지킨다는 명목 하에 일어난 것이잖아. 평화로운 인디언 마을에 총을 들고 들어가 땅을 뺏고 성경을 쥐어주는 게 복음을 전하고 하나님을 기쁘게 하는 일이라고 자신 있게 떠들 수 있는 뻔뻔함. 평화로운 하나님의 나라를 건국하기 위하여 평화롭지 못한 전쟁을 불사해야 한다고? 땅도 빼앗기고 가족도 잃고 울부짖는 사람들 옆에서 제일 먼저 한 일이 뭐였다고 자랑한 줄 알아? 하나님께 영광과 감사를 올릴 예배당을 짓고 경건한 마음으로 예배를 드렸다는 거야. 아니 대체 그 예배의 정체는 뭐냐구. 어떻게 이성을 잃지 않고 멀쩡한 정신으로 이런 폭력적이고 잔인한 하나님에게 순종할 수 있다는 건지. 그런 하나님이라면 회개해야 할 당사자는 우리들이 아니라 당신의 오만이라고 말하고 싶다고. 사람들이 말하는 하나님이란 자기들의 욕심을 합리화하는 데 필요한 도구밖에 안 되잖아. 오죽 어이없으면 간디는 영국인들을 향해 이렇게 말했다대.

'왜 당신들이 믿는 신은 이웃 사랑을 가르치는데 당신들은 다른 나라를 식민지로 삼아 그 나라 백성을 괴롭히는가? 나는 예수를 사랑한다. 그러나 크리스천은 싫어한다. 왜냐하면 그들은 예수를 닮지 않았기 때문이다.'라고 말이야."

지금껏 한 번도 보지 못한 심각한 표정의 조용해진 엄마를 바라보며 선정은 살짝 기대에 찬 목소리로 물었다

"엄마두 내 말에 동의하지?"

그러나 엄마의 그 표정은 울타리를 튀어나가 헤매는 양을 어떻게 제자리에 데려다 놓아야 하나 하는 근심 어린 침묵의 표정이었다.

"목사님께서 말씀하시려는 건 원죄가 아니구 구원이잖아 구원. 우리 모두 죄를 지어 죽을 수밖에 없는 죄인인데 독생자 예수를 보내시어 죄에서 해방시켜 준 구원의 기쁨에 대하여 얘기하려 하신 거잖아. 포인트를 똑바로 들으라고 좀."

엄마는 주먹으로 가슴을 치며 절망하듯 말을 이어갔다.

"으이구, 내 참 기가 막혀 말이 안 나오네. 사탄이 너를 아주 단단히 시험하는 거 같아. 어쩌면 좋냐 너를. 성령으로 한 자 한 자 쓰여 일점일획도 진실 아님이 없는 성경에 엄연히 쓰여 있는 사실들을 가지고. 무슨 벌을 받으려고 그런다냐 너. 어휴, 기가 막혀 안 되겠다. 너 당장 내일부터 나랑 새벽기도에 같이 가자. 기도밖에 답이 없네."

권유하거나 선택의 여지를 묻거나가 아닌 단호한 명령의 표정과 목소리였다.

"이제 쉰 소리 그만하고 어여 어여 들어가 씻구 일찍 잠이나 자. 주여어."

마땅치 않음과 걱정으로 가득 찬 엄마가 얼마나 힘 있게 자리를 박차고 일어났는지 앉아 있던 소파가 살짝 밀려날 정도였다. 빠른 걸음으로 사라진 엄마 뒤로 감정 실린 문은 천둥소리를 내며 선정을 때렸다.

'기껏 그들의 그 속 좁고 유치한 하나님을 보호할 장치라는 게 새벽기도로 처방되어지는 것인가.'

되도록이면 엄마 앞에서 교회 이야기는 안 꺼내려 노력하는 선정이었지만 어제의 구역예배 사건이 또 선정에 대한 엄마의 걱정에 부채질을 한 것이다.

'엄만 일종의 최면술에 사로잡힌 거야, 확실해. 상상력이 풍부한 다수의 맹목적인 믿음과 오랜 시간의 역사로 만들어져 막강한 힘을 키워낸 기독교라는 종교. 그 울타리 밖의 사람들을 향해서는 귀도 눈도 닫아버리고 오로지 배타적인 입만 벌려 정신병자나 마녀로 만들어버리는 독선적이고 편협한 최면술.'

자기에게로 향한 엄마의 화냄이 억울하다고 생각된 선정은 자기의 결백이라도 증명해내고픈 마음으로 짐 정리를 하고 있는 언니가 있는 다락방으로 갔다. 언니는 형부의 해외지사 발령으로 두 달 후에 아이들과 함께 미국으로 떠나게 되어 있었다. 가기 전에 시골에 계신 친할아버지 댁에 아이들을 보내놓고 결혼 전에 미처 정리하지 못했던 자기 짐들도 정리하고 오랜만에 육아로부터의 해방과 함께 자유로운 휴가도 즐길 겸 며칠 동안 친정집에 머무르고 있는 중이었다.

"아이구, 뭐 이리 많아?"

"그러게. 다 꺼내 놓으니 생각보다 많네."

"내가 뭐 도와줄 일은 없어?"

"어차피 내가 다 보고 버릴 거 버리구 해야지. 옛날 것들 다시 보니 처녀시절로 돌아간 듯해서 새삼스럽고 기분이 좋구나."

언니 정윤은 선정이 뜨거운 냄비의 손잡이를 잡아야 할 때 찾는 주방장갑이기도 하고, 열이 나거나 차가울 때 찾는 찜질팩이기도 하였다. 여느 집 자매들처럼 한두 살 차이의 친구 같은 언니가 아니라 열네 살이나 차이 나는 이모 같은 언니였다. 선정은 엄마와 자주 부딪히는 자기와 달리 별 갈등 없이 자기 뜻대로 엄마를 설득해나가는 언니의 고무줄 같은 유연함을 늘 배우고 싶어 하였다.

"엄마 문 닫는 소리가 심상치 않길래 너 올 줄 알았다. 이그으 적당히 좀 하지."

정윤은 입만 있고 귀는 없는 외계인들의 방언이 익숙해졌다는 여유의 웃음과 함께 크래커를 뜯었다.

"아니이 언니…… 엄마는 우리 모두가 하나님의 자녀이니 타인에 대한 배려와 존중을 기본으로 서로 사랑하고 용서하며 뭐 어쩌구 좋은 말은 다 하면서 왜 나한테는 하나도 적용시키지 않는 거야? 내 원 참. 내 말은 듣지도 않고 화부터 내구 말이야. 남의 물건을 훔치는 것보다 더 죄가 되는 건 남의 감정을 다치게 하는 거라고 했는데 엄만 내가 무슨 말만 하면 마귀 운운하면서 내 감정은 생각지도 않잖아. 도대체 나와 다른 의견이란 것 따위는 있을 수도 없고, 있어서도 안 되는 거 있지. 허긴 우리 엄마만 그런 게 아니구 교회 안의 사람들은 기독교와 조금이라도 다른 이야기를 하는 거 같으면 마치 한국인이 일본사람이나 김일성을 옹호하는 듯한 매국노 취급을 하며 단지 무찔러야 할 적을 대하는 거 같다니까. 전 우주를 통틀어 유일한 전지전능의 막강한 신을 가진 것이 진실이고 사실이라면 저절로 포용력이 있어지겠구먼, 뭐가 겁나서 그렇게 적대적이 되는 건지. 종교 가지고 싸울 때 보면 기독교는 모든 것에 있어서 승자가 되어야만 하는 다수 망상자들의 집단 같아 보인다니까. 몇몇 소수가 그랬다면 정신이상자로 병원에 보내졌을 테지만 다수의 힘이랄까. 후우 무서워. 애초에 그 신앙의 뿌리는 어떻게 생겨난 것인지, 철두철미 완벽한 검증은 거쳐진 건지 매우 몹시 궁금해진다니까. 몰이해에 만족하는 믿음이 미덕이라는 가르침 외에 그 어떤 신선함도 발견할 수 없어. 어쩌면 무조건적인 믿음을 강조하고 부르짖는 사람들은 아마 그들 자신조차도 그렇게 하지 않으면 믿어지지 않는 것 때문이 아닌가 싶기도 해. 동정녀로부터의 태어남이나 부활에 관한 이야기들은 그저 신격화에 필요한 영웅적 요소의 한 부분이라 쳐도 그 외의 수많은…….

아! 정말 그냥 무시해 버릴 수도 없고 그렇다고 고개가 끄덕여지지도 않으니. 엄마도 엄마지만 이 문제가 내겐 큰 숙제이고 질문이야."

"음, 네 질문이 아무리 합리적으로 옳다고 하더라도 질문을 받는 상대가 누구냐에 따라서 황당한 질문이 될 수도 있는 거야. 물론 질문 자체에 옳고 그름은 없겠지만 방패를 갖고 있지 않은 상대를 향해서 던지는 질문은 말이 칼이 될 수 있거든. 엄마가 네 질문을 들을 때마다 칼 맞는 느낌이어서 그럴 거야."

"난? 나도 칼 맞는 느낌이거든."

선정은 운이 좋았던 건지 나빴던 건지 모르겠으나 태어나면서부터 기독교인이었다. 태어난 지 한 달도 안 되어서 부모님이 대신 치러 주는 유아세례를 받고 누구도 의심할 수 없는 기독교인의 증서를 받았다. 자신의 의지와 상관없이 갖게 된 신앙이어서인지 선정은 끝없이 '왜?'와 싸우고 있었다. 선정은 칼이라는 말에 도발당한 배고픈 송곳니가 되어 그동안 수없이 들었던 의문을 쏟아 내기 시작하였다.

"창세기 이전의 세계는 암흑과 혼돈의 세계라는데, 아무것도 없는 공간을 어떻게 혼돈이라 말할 수 있는 거야? 실오라기라도 있어야 혼돈이라는 상태가 될 수 있는 거 아니야?

비록 암흑이어서 볼 수는 없었다 해도 뭔가가 있었단 얘기지. 창조 이전의 그 무엇. 사람도 흙과 물의 혼합물에 숨을 넣어 만들어졌다 하니 흙과 물, 또 숨이 되는 바람도 있었다는 말이잖아. 근데 그 무엇이 있었다면 온전한 창조라 말할 수 없지 않아? 아무튼 그렇다 치고, 태초에 천지를 창조하시고 하늘의 궁창에 큰 광명(해)과 작은 광명(달)을 만드셨다 함은 지구를 포함한 이 모든 우주를 창조하셨다는 말일 텐데, 또 빛을 낮이라 칭하시고 어둠을 밤이라 칭하셨다는 소린 뭐야? 이 작은 행성 지구의 한 쪽에서 바라볼 때라면 큰 광명이 비추는 쪽이 낮이 되고 반대쪽은 밤이 되니까 그렇게 말할 수 있지만, 우주 전체가 낮이 되었다가 우주 전체가 밤이 될 수는 없는 거잖아? 고로 낮과 밤의 구분이 있을 수 없는 거 아니야? 그러니까 우주 전체의 창조가 아니라 낮과 밤이 있는 이 지구의 생일이 창세라는 표현에 맞는 말이 되는 거지. 그런데 또 지금 우리 인류가 살고 있는 지구라는 행성은 죄를 지어 에덴으로부터 멀어진 추방지라니 도대체 앞뒤가 안 맞지 않아?"

"우리 선정이 무슨 설화를 가지고 이리도 진지하시나. 한 나라가 만들어지려면 놀라운 사건이 벌어지고 또 그에 걸맞은 위대한 인물이 등장하고 신비한 기적 같은 일이 벌어져서 멋지게 마무리되고 그래야 흥미진진한 이야깃거리도 되고 자긍심도 생겨나고 그래지잖아?

모든 것의 탄생설화가 그렇듯 이 거대한 우주가 생겨나고 그것을 움직이는 신에 대한 이야기를 하는데, 뭐 그냥 시시하게 만들어질 순 없지 않겠어? 설마 곰이 정말 마늘과 쑥을 먹고 사람이 되었겠니? 박혁거세가 커다란 알에서 나오고, 싯다르타가 어머니의 옆구리로부터 태어났다는 걸 정말 사실로 믿는다는 건 아니겠지? 설화를 가지고 그렇게 한 자 한 자 따져드는 건 진지함을 떠나서 좀 그렇다고 생각지 않아?"

"아니 나도 그냥 설화라고 하면 재밌는 옛날이야기로 듣겠어. 근데 이렇게 창조된 이야기를 시작으로 인간이 만들어 놓은 하나님은 너무나 가관인 거야. 인간을 공포에 떨게 하는 말도 안 되는 역사가 만들어져 가는 거지. 그리고 이 성경에 쓰여 있는 말은 성령으로 쓰여 있어 일점일획도 의심을 가져선 안 된다고 하니 말이야. 그래서 이야기의 뿌리를 찾아 올라가다 보니 그저 쉽게 들을 수가 없었던 거야."

인류의 구원을 위한 잔 다르크라도 되는 듯 큰 한숨을 쉰 선정은 계속 말을 이어 나갔다.

"이렇게 시작된 창세기의 천지, 지구는 시작이 있으니 당연히 끝도 있어야 할 수밖에 없기에 지구의 요란한 종말로 요한 계시록 장면이 등장하게 되고, 거기서 하나님의 심판이라는 성적표도 발급받게 되고. 아무튼 그런데 그 성적표가 문제인 거지. 그 성적에 의해서 쫓겨나기 전 에덴동산으로 다시 갈 수도 있고 못 갈 수도 있기 때문에 그것을 빌미로 협박이 시작되는 거야. 온전한 아이라도 성적표를 잘 받기가 힘든 마당에 이 세상에 존재할 수밖에 없는 운명의 인간이라면 누구나 원죄의 낙인까지 찍혀 있다니, 이거 솔직히 좀 너무한 거 아냐? 죄목은 '하나님께서 먹지 말라는 선악과를 따먹은 피조물의 발칙함'이래. 그러니까 고깃덩어리를 던져놓고 먹음의 유혹에서 얼마나 무사할 수 있는지 하나님이 독한 연놈 뽑기 대회라도 했다는 건지, 아니면 에덴에서 쫓아낼 당위성을 찾기 위한 덫이었다는 건지."

"재밌구나. 독한 연놈 뽑기 대회……."

"이때부턴 본격적으로 하나님 만들기에 돌입하는 거지. 생쥐가 사자를 보고 자신이 그처럼 크고 용맹하지 못함이 원죄 때문이라고 말하거나, 또 참새가 독수리를 보고 자신이 그렇게 높이 멀리 날지 못하는 것이 원죄 때문이라고 말하거나, 이름 없는 들꽃이 장미를 보고 자신이 그렇게 화려하고 향기롭지 못함이 원죄 때문이라고 말하지 않잖아. 그런데 인간은 자신의 부족함을 원죄 때문이라고 하며 자신을 온전히 인정하지 못한단 말이지. 이 부족함이라고 말하는 자체는 인간이 하나님과 같아지려는 욕심의 발로에서 나온 말 아니야? 참새가, 생쥐가, 들꽃이, 그들의 가치관으로 자신들을 받아들이지 못하고 원죄 때문이라고 불평을 한다면 이 얼마나 우스운 일이 되겠어?"

"점점 더 재밌어지는구나. 근데 네 얘길 듣다보니 옛날 중국의 철학자 장자와 혜자 이야기가 생각나네. 어느 날 장자와 혜자가 물가를 거닐며 산책을 하고 있었는데, 한가롭게 놀고 있는 물고기들을 본 장자가 '물고기가 지금 매우 즐거워하고 있다'고 말하자 대뜸 혜자가 '자네는 물고기도 아니면서 물고기 마음을 어찌 아느냐'고 말했어. 그러자 장자는 '그러는 그대는 나도 아니면서 어찌 내가 물고기의 마음을 모른다는 것을 아느냐'고 반문하며 나누는 대화가 있거든. 장자는 물고기가 물에서 노니는 것이 바로 자연의 모습이기에 이 자연의 모습이 바로 즐거움이라는 걸 말하려 했다는 이야기지.

생쥐가 잡아먹히면서 사자를 부러워하고, 참새가 높이 나는 독수리를 보면서 부러워했을지, 또 그 이름 없는 들꽃이 장미를 보면서 자신이 보잘것없다고 했을지 그건 모를 일이잖아? 네가 그들과 언어소통이 되는 것도 아니구 말이야."

"그렇지. 바로 그게 우리가 부딪히는 모든 문제의 시작점이기도 해. 개구리에게 바다를 아무리 잘 설명해준들, 또 하루살이에게 어제나 내일에 대해서 이야기한들 이해할 수 없는 부분이겠지. 지금 우리가 엄청난 속도와 소리를 내며 돌고 있을 이 지구의 소리를 들을 수도 이해할 수도 없는 것도 마찬가지고. 자기가 경험할 수 있는 만큼만 접수할 수 있는 거. 근데 사람은 거기서 영특한 상상의 산물을 만들어내는 것이 다를 거 같아. 장자의 대답을 흉내 내어 보면 적어도 생쥐, 사자, 독수리, 참새 애들은 뭔가 조작됨 없는 자연 그대로의 삶을 살고 있으니까 잘난 체도 부러움도 없을 듯해. 이에 비해 인간은 왜 그리 욕심이 많은 건지. 원죄 운운하는 건 어찌 보면 바로 하나님을 향해 '당신작품, 하자 많소' 하는 거 아니야? 또 설교를 들을 때마다 빠지지 않는 양념 같은 소리 있지, '인간은 연약한 존재이니……'라는. 얼핏 들으면 무척 자기를 낮추는 겸손한 말로 들리나 그것도 이렇게 사고하는 데서 나온 말 아냐? 인간은 약한 것도 아니구 강한 것도 아니구 그냥 그렇게 태어난 거지. 예수님이 낮고 천한 곳에서 나셨다는 말도 이미 머릿속에 높고 귀한 곳의 편 가르기가 되어 있는 데서 나온 말이구."

"그래, 그런 것 같구나. 하하하."

귀를 기울여주는 언니가 앞에 있으니 선정의 질문 보따리는 그칠 줄 몰랐다.

"끝도 없어. 이렇게 인간의 시각으로 만들어 놓고 아무런 검증 없이 수천 년 넘게 앵무새처럼 전달해오는 하나님이라는 신! 자신의 말을 어기면 대홍수를 내려 싹그리 물속에 쳐 넣어 몰살시키고 또 잊을 만할 때쯤 되면 불과 유황비를 내려 모든 사람과 땅에 난 모든 것을 멸하여 버리고, 수시로 진노와 질투로 재앙과 저주를 퍼붓기를 몇 천 년을 거듭한, 용서와 너그러움은 눈곱만치도 찾을 수 없는 무섭고 매정한 신! 근데 여기서 더욱 우스운 건 이 무지막지한 대재앙의 사건 속에서도 늘 하나님 말씀을 잘 듣는 노아니 롯이니 하는 한 가족만을 건져 내어 인류를 계속 보존할 수 있게 하는 아량 베풂을 받아 지금의 내가 이렇게 떠들어댈 수 있도록 하였다니, 감사한 마음을 가져야 하는 건지.…… 하나님의 형상을 본떠 만들어진 사람이 아니라 사람의 형상을 본떠 만든 신 만들기가 본격화되어 가며 급기야는 '하나님이 자기의 형상대로 사람을 창조하시고 복을 주시며 이르시되 생육하고 번성하여 땅에 충만하고 땅을 정복하라. 그리고 내가 창조한 모든 생물을 다스리라'라는 위임장을 받고 칭기즈칸과 알렉산더, 나폴레옹, 히틀러는 미친 듯이 피를 뿌리며 아무런 죄책감도 느끼지 않고 땅을 정복하는 데 혈안이 될 수 있었던 거지."

"음."

"또 모든 생물은 스스로 나고 자랄 힘이 있는데 왜 인간에게 다스리라는 특권을 주어 함부로 그들 앞에 서게 한 거야? 그러니 인간은 모든 자연물을 인간을 위한 도구로 만들어 훼손하고 망가뜨리고 함부로 할 수 있게 된 거지. '하늘이며 땅이며 물이며 동식물 모두모두 너와 함께할 나의 피조물들이니 서로 존중하며 공존하라'고 하셨다면 좋았을 것을. 종교는 우리 존재 자체와 우리가 살아가야 하는 지구를 비롯한 이 천체 안에서 다 같이 행복할 수 있는 길을 찾고자 있게 된 것 아니야? 그러고 보니 난 종교를 지킨다는 명분으로 전쟁을 일으킨 건 수 없이 보았어도 종교 덕분에 전쟁이 일찍 종식되었다거나 종교가 전쟁을 막았다는 소리는 한 번도 못 들었네."

"네 말을 듣고 있자니 얼마 전에 법정 스님이 하신 말씀이 떠오르는구나. '믿지 않는다 하여 지옥 불에 던져버리는 당신들의 신을 당최 이해할 수 없구려. 차라리 나는 지옥에 가서 당신네 신에게 버림받은 그 억울한 영혼들을 구제해야겠소'라고."

"사람에게 종교적 확신이라는 건 그 어떠한 악행도 능동적이며 잔인하게 저지를 수 있도록 만드는 힘이 되는가 봐. 삶에서 겪는 여러 종류의 질병이나 고통들로부터 벗어나서 평안해지기를 바라는 마음으로 시작된 신앙이, 공동체가 주는 묘한 소속감을 느끼게 되면서 지켜야 할 집단적인 이기심에 합류하게 되는 거야. 거기엔 어떤 철학적 성찰이나 반성 같은 건 필요치 않다 보니, 누군가 의심의 눈초리를 던진다거나 신념을 흔들려는 것이 나타나면 그것이 마치 자기에게 도전하는 느낌이거나 신앙에 대한 모욕으로 받아들여지는 거지. 그래서 분개

하고 필사적으로 그 믿음을 지키려 하다 보니 자기와 다른 생각을 가진 사람들에 대한 증오심을 갖고 마귀니 사탄이니 이런 위협적인 단어를 거침없이 뱉어내며 집요하리만치 전도하게 되는 거고. 또 전도를 많이 하는 것이 신앙의 척도가 되다시피 하니 열성적으로 '예수천당 불신지옥'이라면서 '지금까지 당신들의 삶은 잘못된 삶이었다 바꿔라'라며 함부로 남을 정죄하고 명령하는 무례함까지 서슴지 않게 되는 거지. 편안한 천국의 삶을 인도 받는 느낌보다는 무서운 선생님한테 혼나는 느낌이 든다고 하더라고."

"인간은 원시시대부터 끝없이 예측할 수 없는 자연의 변덕스러움을 공포로 경험하며 살아왔기에 우리에게 주어진 괴로움의 문제들을 초자연적이고 신적인 존재에 의지하여 해결해나가야 한다고 믿게 되었고, 그것이 종교로 만들어진 거라 생각해. 그러니까 그 믿음은 어떠한 논쟁에도 열려 있어서는 안 된다고 확신을 하게 된 거고. 그러기에 그 확신은 모욕에 몹시 취약해지게 되고, 그것은 그것 아닌 것에 대한 증오로 자신을 방어하는 무기가 되어간 거 같아. 증오는 약한 자들이 자신을 방어하는 데 가장 먼저 쉽게 취할 수 있는 방어기제거든. 마치 우리 몸에 어떤 이물질이 들어올 때 우리의 몸속에 원래부터 있어 온 면역체계의 세포들이 강하게 저항하며 우리 몸을 지키는 것과 같다고 할까. 학교에서 자기와 다른 아이들을 왕따로 만들어 버리는 것도 그런 유전자의 습성이 아닐까 라는 생각이 드네."

"아, 아무튼 난 종교를 떠나서 교회 안의, 그들이 만들어 놓은 이 유치한 신념과 숱하게 많고 많은 왜곡된 교리들의 오류를 조용히 받아들일 수 없어. 난 도저히 그들의 하나님께 예배드려지질 않아. 엉터리는 내가 아니라 그들 아니야? 정말 하나님이 전지전능하고 무소부재하며 절대적인 신으로 계시다면 당신이 창조한 이 모든 감각으로 확실히 보고 듣고 느낄 수 있도록 해주시기를 간절히 바랄 뿐이야."

성령으로 쓰여 성스럽기 그지없기에 조금만 구겨져도 다리미로 다려지고 모심을 받는 엄마의 성경 모습을 보고 자란 선정이 이렇듯 성경의 저자를 바꾸는 순간을 맞이하기까지 두려웠던 순간들이 빠르게 스쳐 지나갔다.

얼마나 무서웠던가.

'정말 마귀가, 사탄이, 나를 유혹하는 건 아닌가. 이브가 교활한 뱀의 유혹에 넘어가듯 나도 그에 걸려든 건 아닌가. 이러다가 정말 지옥의 뜨거운 유황불에 빠지게 되는 건 아닌가'라며 눈이 빨개지도록 참 진리의 하나님을 찾고 싶어 밤새우던 그 시간들이 떠올랐다.

"네가 무서워하고 싫어하는 그 질투와 분노의 하나님은 모두 구약성서에 쓰여 있는 하나님 아냐? 그건 그냥 한 나라가 만들어지기까지의 과장된 옛날이야기라고 보아야 할 것 같아. 더군다나 자기들만이 하나님께 선택받았다고 생각하는 유대인들의 선민의식이 만들어낸 역사서이기 때문에 어쩔 수 없지 않겠니? 글자 그대로, 이야기 그대로 믿기에는 무리가 있는 게 당연한 거지. 애굽에서 탈출하여 가나안에 이르기까지 우리가 감히 상상도 못할 고난의 순간이 얼마나 많았을 것이며, 그 긴 긴 시간들 동안 수많은 사건들을 해결해가며 백성들을 이끌고 나아가야 하는 선지자들에겐 온갖 우상숭배에 젖어 있는 백성들을 하나로 모으기에는 강력하고 무서운 신이 절대적으로 필요했을 거라고 봐. 따라서 그 두려운 신께 드리는 제사 또한 형식과 율법이 어마어마했을 수밖에 없었을 테고 말이야."

"그들의 선민의식이나 단일민족의식이 만들어낸 사고는 구약뿐만 아니라 성경 전체의 뼈대가 되어 있는 걸. 아브라함과 다윗의 자손 예수그리스도의 세계라고 시작되는 신약성서도 잘 들여다 봐봐.

예수가 동정녀로부터 태어났는데 어떻게 다윗의 자손이라고 말할 수 있는 거야? 아브라함이 이삭을 낳고 이삭은 …… 낳고 낳고를 계속하여 그런즉 모든 대수가 아브라함부터 다윗까지 열네 대요, 다윗부터 바벨론으로 이거할 때까지 14대요,

바벨론으로 이거한 후부터 예수그리스도까지 열네 대라고 쓰여 있는데. 그렇다면 아브라함부터 예수그리스도까지 총 42대이며, 아브라함 이전 창세의 아담과 이브로부터 낳고 낳고 노아를 거쳐 셈의 후예 데라가 아브라함을 낳기까지 그들이 아무리 성경에 쓰인 대로 몇 백 살씩 생존하였다 하더라도 빅뱅으로 생겨난 우주의 역사가 138억 년 전이고, 지구의 역사는 46억 년, 생명의 역사는 38억 년, 인류의 등장은 700만 년, 호모 사피엔스는 20만 년이란 과학자들의 설과는 전혀 계산이 안 맞게 돼. 그저 단지 '과학자들의 우주 나이는 확실치 않은 추측일 뿐이라'고 말해 버리면 되려나? 하긴 출발부터가 창조론이랑 과학자들의 진화론이나 원자론이랑은 다르니 같은 계산을 하는 것조차 우스운 거긴 하네. 아무튼 내가 읽기에는 오로지 거기에 기록된 예수님의 행적이나 말씀만이 그가 모든 것에서 자유로웠던 각자覺者였음을 알게 할 뿐이야."

"아이쿠, 우주 역사에 이스라엘 역사까지. 우리 선정이 학교 공분 언제 하나."

"궁금하구 답답한 마음이 일어나니까 못 참겠다, 꾀꼬리. 히히."

한참 씩씩대던 선정은 잠시 숨을 돌리고 뜯어놓은 크래커를 우적우적 씹다가 다시 입을 열었다.

"참, 언니 내 친구 윤주 알지?"

"그럼, 그 얼굴 갸름한 예쁘장한 친구 말하는 거지? 너랑 영어 학원 같이 다닌다 했나? 근데 윤주는 왜 갑자기 물어봐?"

"응, 맞아. 걔가 얼마 전에 한밤중에 전화해서 펑펑 우는 거야."

"어머나 놀랐겠다. 왜?"

"며칠 전에 문학의 밤이 끝나고 집 앞까지 남자친구가 데려다주는 길에 엄마와 마주치게 되었는데, 남자친구의 존재를 모르던 엄마가 흥분을 하며 고등학생 신분에 공부는 안 하고 뭐하는 짓이냐며 그 친구를 막 야단치고 당장 헤어지라며 꾸중을 하셨다는 거야. 물론 헤어지는 것도 슬프지만 너무 미안하고 창피해서 죽고 싶다며 말이야."

"저런, 어쩌니. 근데 엄마로서는 너희들이 고3이니 걱정이 많으셨겠지."

"근데 더 놀라운 건 애가 막 울면서 자기만의 비밀로 알고 있던 얘기를 털어놓는 거야."

"무슨 드라마가 절정으로 가는 느낌이구나. 그래, 그게 뭐래?"

"윤주는 생일이 7월 4일이거든. 근데 자기 엄마아빠는 같은 해 1월 20일에 결혼을 했다는 거야. 이상하지? 엄마아빠가 이미 자기를 임신한 후에 결혼을 하고 거기에 대해 감쪽같이 입을 다물고 있었으니 모르기도 했고, 뭐 사실 별 관심도 없었대.

근데 가정시간에 임신과 출산에 대해서 배우게 되면서 알게 되었지만 괜히 민망해할까 봐 물어보지도 않고 아는 척도 안 했는데 엄마는 마치 자기가 동정녀마리아라도 되는 듯 펄펄 뛰고 딸이 뭔 짓이라도 했을까 봐 난리를 치는 거 보니 너무 우습다는 거야."

"아, 그랬구나. 근데 넌 갑자기 그 얘길 왜 했어?"

"응, 아니. 하나님의 창세이야길 하다 보니 우주의 임신과 출산에 대한 줄긋기와 비슷하다는 느낌이 들어서. 히히."

"어이구, 내 원 참. 별. 하하하하."

생각이 깊어질수록 의혹의 타래는 눈덩이처럼 커져만 갔다. 어쩌란 말인가. 십 수 년 주입식으로 세뇌되어 입력된 하나님과 이성이라는 현미경이 들여다보는 하나님의 괴리는 점점 선정을 괴롭히는 괴물이 되어가고 있었다. 이제는 사고思考하기를 그칠 수도 없다. 한번 시작하면 블랙홀이 되어 빠져들었다. 물음 없이 믿을 수 있는 신앙심은 이미 약해졌고, 그렇다고 그것을 부정할 수 있을 만큼 절대적인 하나님 또한 만나지 못하였다. 신앙의 선배라는 사람들, 목자들 그 어느 누구도 명쾌한 하나님은 저 하늘 꼭대기 구름 위에 모셔 숨겨두고 보여주지 않았다.

'이 세상 모든 것이 하나님의 뜻이라는데 이것 또한 하나님

의 뜻인가? 하나님의 뜻이라.'

"언니. 언니도 교회 안의 사람들이 설명하기 곤란한 어떤 상황을 만나면 '예상하지 못한 불행을 만난 것은 하나님께서 우리의 신앙을 시험하기 위하여 이런 시련을 내렸다'고 주저 없이 이렇게 말하는 거 많이 들었지. 불행을 통하여 자신을 연단하여 더욱 강한 하나님의 도구로 쓰시려 한다는 것이지. 물론 어려운 일을 만났을 때 누구를 무턱대고 원망하거나 좌절하지 않고 신이 준 숙제라 생각하고 꿋꿋하게 이겨내는 마음과 행동은 참으로 눈물겹도록 아름답기까지 해 보여. 또 뜻밖의 행운이 찾아왔거나 기쁜 일이 생겼을 때도 자신의 공이나 업적으로 돌리지 않고 하나님께서 허락해주신 선물이라는 생각에 겸손할 수 있는 마음과 행동 역시 아름답구. 근데 문제는 모든 것이 하나님 뜻이다 보니 아무 때나 아무 곳에나 하나님의 이름을 갖다 붙이는 어처구니없는 일이 많아진다는 거야. 자세히 들여다보면 그것들은 결국 사람들 스스로의 욕심을 포장하기 위한 포장지로 사용되고 있는데 말이야."

"포장지?"

"응, 며칠 전 현경언니만 봐도 그렇지 않아? 몇 시간 동안 자신의 이혼에 대한 불가피한 상황을 합리화하고 설명하면서 드디어 이혼을 하게 되었으니 축하해 달라는 것까진 좋아. 거기에 또 결혼할 때랑 똑같이 하나님의 뜻을 끌어들이는 거 봤지? 민망하지도 않은지 그렇게 고모 속 뒤집어 놓고 결혼할 땐 언제구. 내 참, 그 언니 얘기를 한참 듣다보니 '저 언니가 영재라고 불렸던 그 언니 맞나' 싶더라구."

현경은 몇 년 전에, 아내와 사별하고 어린아이와 병석에 누운 홀어머니가 있는 열네 살 차이 나는 남자와 결혼했던 선정의 고종사촌이다. 수재라 불릴 만큼 똑똑하고 능력 있는 현경이 만나고 있는 사람을 알게 되었을 때 고모는 자리에 누워 식음을 전폐하게 되었고, 딸이 자신의 삶에 성공이라 여겼던 말 수 없는 고모부조차도 호적에서 제하겠다는 말을 뱉기까지 하였었다. 가족은 물론 친구, 친지 등 주변 모든 사람은 그 결혼이 절대 행복할 수 없을 것이라며 말리자, 현경이 들고 나온 카드는 '하나님의 응답'이었다. 자신이 '하나님의 뜻을 묻기 위하여 매달려 기도한 뒤에도 하나님께서 반대하시면 그리 따르겠노라'고 하였다. 그때부터 현경과 그녀의 부모는 마치 기도 배틀이라도 붙은 사람들처럼 기도하기를 시작하였다. 그녀의 부모는 아예 기도원으로 짐을 옮겨 40일 금식기도에 들어갔고, 현경 역시 새벽기도, 철야기도, 하나님께 묻고 매달릴 수 있는 통로란 통로는 모두 두드리고 치열하게 답을 얻고자 간구하였다. 평상시 모범적이고 순종적이었던 현경의 기도를 들어주실 것인지, 몇 십 년 한결같은 믿음과 봉사로 교회를 섬긴 부모의 대립된 기도를 들어주실 것인지, 핼쑥해진 부모의 얼굴을 보는 친척들 모두는 부모의 편에 기도의 힘을 보태며 안타까운 마음으로 아슬아슬한 줄 위의 두 사람을 바라보았다.

그러나 금지된 것과 욕망이 합쳐진 덩어리는 가두면 가둘수록 더욱 커지고 뜨거워지게 되어 있다. 현경은 그렇게 기도를 하였음에도 불구하고 자신의 마음이 그에게로 향하게 되는 것은 필시 하나님의 뜻이라는 대답을 얻게 되고, 자신의 내부에서 일어나는, 사람의 의지로 어찌할 수 없는 욕망을 운명적인 만남으로 포장하기 시작하였다. 급기야는 하나님을 자기의 뜻을 관철하는 데 필요적절하게 끌어들여 활용하며 기도의 응답에 대하여 부모를 설득했으나 두 달 후 결국 아버지는 끝내 참석치 않은 결혼식을 올리게 되었다.

그러나 결혼 후 현실에서 부딪히는 생각지 못했던 어려움들로 인해, 결혼 전 주변사람들이 자신의 결혼을 왜 그리 말렸었나를 체험하고 이해하게 되며 자신의 교만을 보게 되는 시간은 채 3년도 걸리지 않았다. 현경은 자신의 노력이 가차 없이 무시되는 상황의 삶에 차츰 지쳐가고 있었고, 그 무렵 남편에게 또 다른 여자가 생긴 것을 알게 된 것이다. 집안의 반대도 무릅쓴 상대였기에 배신감에 대한 분노는 더욱 컸다. 절망감과 함께 온 자괴감으로 우울의 늪에 빠진 현경은 개인적 욕망과 사회적 제약 사이에서 갈등하기에 이른 것이다. 모든 생활을 정리하고 헤어지고 싶은 마음과, 하나님이 맺어준 부부의 연을 사람이 끊어선 안 된다는 목사님 말씀과의 갈등, 또 주변 사람들에게 약속했던 자신의 말과 그들의 시선 사이에서의 갈등, 이렇게 핏기 없는 하루하루의 삶을 이어가고 있었다. 그야말로 매일매일을 딸 걱정으로 시작하여 걱정으로 마무리하던 고모는 서서히 죽어가고 있는 딸을 살리기 위하여 하나님께 또다시 매달려 기도하고 애원하였다. 그러고는 어느 날 딸의 손을 붙잡고 그 집을 나오기로 결정하였다. 결혼하고자 하였던 자신의 욕망을 이루기 위하여 하나님의 뜻을 끌어들여 포장하고 활용했던 것과 같이 또 하나님의 뜻을 들먹이며 헤어짐의 당위성을 이야기할 수밖에 없게 된 것이다.

"그들의 하나님은 엿장수야 엿장수. 하나님의 뜻이란 건 엿장수 맘대로 내는 가위소리라니까. 만나는 것도 헤어지는 것도 결국 자기 뜻대로이면서 비난을 피하기 위한 합리화의 도구로 하나님의 뜻이 쓰이게 되는 것이지. 하나님께서 자신을 연단하시려는 깊은 뜻이 있기에 여기로 이끄셨다고 말하며, 자신의 과오나 욕심으로 벌어진 일임을 인정하기보다는 그들의 상대들이 자신을 배신하고 속였다고만 이야기하고 애초에 자신의 믿음이 잘못됐었는지는 생각을 못하는 거야. 그렇게 스스로도 자기의 생각에 속아 넘어가는 걸 모르고 말이야. 또 어떻게 해결하면 좋을지 막막한 일이나 게을러서 미루고 있는 일이 있을 때에도 하나님께서 다 알아서 해주실 것이기에 자신은 기도를 열심히 하고 있을 뿐이라고 말하지. 이렇게 자신의 무능이나 게으름의 합리화에도 하나님의 뜻이 적당히 사용되고 있다니까. 하나님은 얼마나 바쁘고 힘드실까. 지구에 살고 있는 이 많은 크리스천들의 대소사를 일일이 관장하여 기회를 주시랴, 심판하시랴, 용서하시랴, 연단하시랴 말이야. 인간들은 하나님께 용서할 일거리를 드리기 위해 매일 조금씩 죄를 짓고 사는 것 같아. 신은 애초에 인간들에게 뜻 같은 건 가질 필요도, 갖고 있지도 않을 거 같은데 말이야."

"그렇게 아전인수적인 해석으로 하나님을 경외하고 모신다면서 한없이 유치하고 졸렬한 하나님으로 만들어 버리고 있다는 얘기지?"

"아, 저번엔 권 집사님 아들이 교통사고로 하늘나라로 간 다음에 추도예배를 보는데, 사람들이 모두 '하나님께서 의로운 자를 먼저 데려가신 거다'라며 위로를 하니 권 집사님은 자식이 의로워서 빨리 감을 다행으로 여겨야 하는가 하며 넋이 나가 멍해 있고, 할머니는 손주를 먼저 보낸 것이 마치 자신의 의롭지 못한 장수에 대한 미안함인 양 가슴을 치며 울고 계시는데 옆에서 듣고 있는 내가 몸 둘 바를 모르겠더라고."

흑인들이나 여자들에겐 애초에 영혼 같은 게 없기에 당연히 백인이나 남자들의 노예로 살아야 하고, 아이들은 영혼이 성숙하지 않았기에 어른의 뜻대로 복종해야 하고……. 선정은 정말 인류의 역사 속에 수없이 많은 기득권자들의 폭력에 이용되는, 말없는 하나님에게 부르짖고 있었다. '입을 여시고 진실로 당신이 만든 피조물들에게 구원의 손을 건네주시라'고.

"어, 벌써 12시네. 언니 내 얘기 들어주느라 또 일 밀렸네. 히히, 미안."

"아니야. 너랑 이렇게 얘기해 본 지도 너무 오랜만인 거 같아서 좋았구, 네 얘기 재미있었어. 우리 선정이 머리가 무척 뜨겁겠는데. 언니가 별 도움이 안 됐지?"

"아니 들어주는 것만으로도 속이 좀 시원해졌어."

"그래, 언젠간 네가 찾는 하나님과 기쁜 만남이 이뤄지길 기도하마."

"응, 땡큐. 나 아까 엄마한테 내일 새벽기도 처방 받아서 일찍 일어나야 하니 이제 그만 잘게. 언니두 잘 자."

2. 십 원 빼기 일 원은 구원

몸은 피곤한데 잠은 오지 않았다. 창밖은 아직 어두운데 부엌에서 냉장고 여닫는 소리가 들렸다. 낮에는 들리지 않던 엄마의 물 마시는 소리, 슬리퍼 소리가 참 크게 들린다고 느꼈다. '잠시 후엔 아마도 새벽기도를 가시겠지?' 딸을 마귀로 만든 엄마는 딸에게서 마귀를 쫓아내기 위해 열심히 기도하실 것이다. 답답한 실소를 머금고 자리에서 일어나자 방문이 벌컥 열려 엄마와 선정은 서로 깜짝 놀랐다. 자고 있으리라 생각했던 엄마는 컴컴한 방에 우두커니 서 있는 딸의 모습에 놀라고, 선정은 아무런 기척 없이 별안간 문을 연 엄마 모습에 놀란 것이다.

"아, 깜짝이야, 아니 너 여태 안 잔 거냐? 사람이 잘 때 자야지 밤새 뭘 한 거야? 그러니 횡설수설 이상한 소리만 지껄여대지. 암튼 잘됐다. 글잖아두 같이 교회 가게 깨우려 했다."

"아, 알았어, 갈 거야. 근데 엄마, 아무리 딸의 방이지만 노크

정도는 하고 들어와야 되는 거 아냐? 얼마나 놀랐는지 알아?"

"아, 니가 당연히 자는 줄 알구 깨우려구 그랬지. 어여어여 옷이나 입어."

간다 안 간다 실갱이를 해봤자 피곤해질 것이 뻔하기에 선정은 엄마에게 미리 가겠다는 말부터 한 것이다. 그리고 엄마의 말이 떨어지자마자 옷을 꺼내 입었다. 아직 예배시간까진 시간이 넉넉하게 남아 있었지만 지금 잠이 들면 일어나기 힘들 것 같아 쉽게 따라나서기로 한 것이다. 엄마도 의외로 고분고분 따라나서는 선정의 행동에 약간 놀란 듯은 하지만, 그것도 하나님의 역사하심이 선정을 이끄는 것이라는 믿음과 함께 어둠을 가르는 빠른 걸음을 걷고 있었다. 아직은 쌀쌀한 새벽바람이 옷깃을 여미게 했으나 답답한 머리에 신선한 공기가 공급되는 느낌이 들어 선정도 부지런히 엄마의 뒤를 따라 걸었다.

예배당에는 할머니들 열댓 분과 사찰집사님 내외 그리고 목사님과 사모님뿐이었다. 사모님의 반주에 맞춰 할머니들 특유의 악보무시 편곡된 찬송가 부르기가 선정에겐 익숙하지 않은 새벽의 모습을 열어 주었다. 새벽예배라 그런지 목사님은 가운을 입지 않으시고 가벼운 복장으로 강단 위에서 말씀을 하셨다. 친근한 동네아저씨 같은 느낌을 받으며 오늘은 날카로운 칼이 필요 없었으면 하는 바람을 가지고 찬송가를 뒤적이면서 설교를 들었다. 선정은 언젠가부터 연단으로부터 들려오는 소리들에 생선살 바르듯 난도질을 하고 있는 자신의 모습에 스스로도 피곤해하고 있었다. 그리고 얼른 이 모든 안개가 걷혀지길 바라고 있었다. 그것은 마치 몰랐던 가족의 수치스러운 비밀을 알게 되면서 인정하고 싶지 않지만 인정해야 하는 마음과 함께, 가족이 그래야만 했었던 이유를 조금이라도 찾아내고야 말겠다는 마음으로 촉각을 곤두세워 역사를 찾아가는 안타까운 몸짓이기도 하였다.

"2천 년 전 하나님께선 그의 사랑하는 독생자 예수를 보내시어 십자가에 달리게 하시고, 우리는 그 보혈의 피로 말미암아 다시금 죄에서 구원을 얻게 되고 새 생명을 얻어 살아갈 수 있게 된 것입니다. 예수님께선 내가 길이요, 진리요, 생명이라 하셨습니다. 나로 말미암지 않고는 천국에 들어갈 수도 없으며 나를 믿는 것만이 영생을 얻게 된다 하셨습니다. 그래서 기독교 외에 다른 종교로는 구원을 얻을 수 없게 된 것입니다. 믿습니까?"

"믿습니다."

"아멘, 할렐루우야."

"주여."

할머니들은 일찍 잠에서 깨어 온 덕분에, 신장개업한 동네 슈퍼마켓에서 선착순으로 나누어주는 선물인 '구원'이라는 쿠

폰을 받아들게 된 것처럼 자랑스럽고 힘 있는 목소리로 아멘을 외치고 있었다.

'이를 어쩌란 말인가. 우리나라는 오천 년 넘은 역사를 가지고 있는데, 이 땅에 기독교가 전파되기는 겨우 130여 년 전. 우리의 할아버지의 할아버지 그들은 아무리 성실하고 선하고 효자이고 사랑이 많고 선한 일을 많이 하였어도 예수를 믿어 구원을 받지 못했기 때문에 지옥에 가셨을 수밖에 없다는 말도 서슴지 않는다. 하나님은 이 땅에 왜 이리 예수님을 늦게 알게 하셔서 우리의 조상들이 구원을 받을 수 없게 하셨단 말인가. 예수님은 왜 선교사들의 속옷과 함께 그들의 짐 가방에 실려 올 수밖에 없는 분이셨을까.

믿는다는 말은 믿을 수 없는 내용의 전제 앞에서나 쓸 수 있는 말이다. 누가 듣기에도 타당한 믿을 수 있는 전제를 두고 하는 말에는 믿음을 강요할 필요가 없기 때문이다. 나무를 나무라고 말하는 데는 어떠한 믿음도 필요하지 않다. 그러나 나무를 물고기라 말하는 것엔 믿음이 필요하다. 그러니까 집요하게 강요하다시피 '믿습니까? 믿습니다!'로 서로 믿음공동체의 일원을 확인하려 하는 거다. 믿음은 앎이 아니고 행위이다. 부산으로 갈 사람이 호남선을 타고 가면서 부산으로 갈 것을 믿는다고 말하진 않는다.'

통성기도가 시작되고 조명이 어두워지자 엄마는 눈물을 흘리며 정말 온 힘을 다하여 기도하고 있었다. 아마도 자신의 몸을 통해 낳은 자식이 하나님께 불손함에 대한 죄를 사하여 주십사고 빌고 또 빌고 있는 것이리라. 엄마에게 미안한 마음과 답답한 마음이 복합된 선정은 목사님의 축도가 끝나기 전에 먼저 나와 버렸다. 축도 후에 예배당 앞에서 존경의 마음을 가지며 목사님과 인사를 나누어야 하는 순서가 걱정되어서였는지도 모른다. 선정은 '아마 목사님도 나 같은 신자는 교회에 나오지 않기를 바라실지도 몰라'라는 생각을 하다가 이내 그런 마음은 자신과 같이 신앙심이 부족하고 이기적인 사람만이 드는 생각일 것이라는 생각도 들었다. 집에 있는 아흔아홉 마리의 양보다 길 잃은 한 마리의 양을 위하여 더 간절히 기도해야 하는 자가 목자이므로.

'아, 이 길 잃은 어린 양은 과연 언제나 길을 찾을 수 있을는지.'

많아진 물음표들로 자신이 점점 날카롭고 어두워져 가는 게 두렵기도 하였다.

한 시간 전 집을 나설 때는 보이지 않았던 사물들이 아침 해로 인하여 서서히 모양을 드러내는 모습에 자신의 어두움에도 아침 해가 떠주길 기도하는 마음으로 언덕을 걸어 내려오며 중얼거렸다.

"지구가 도는 것인데 '아침 해가 뜬다'라고 말하고 있었네."

3. 최루가스와 함께 온 실존

몇 달 후에 얻게 될 대학 캠퍼스 입성이라는 대망의 부푼 꿈은 치열했던 고3 여름의 뜨거움을 너끈히 견뎌낼 힘이 되어 주기에 부족함이 없었다.

그러나 이듬해 입성한 거대한 캠퍼스는 상처투성이의 회색빛이었다. 교문 앞마당에는 붉은 띠를 두른 언니들이 목청 높여 뭔가를 외치고 있었고, 무시무시한 사진들과 대자보, 지성의 전당 대학에서 사용해서는 안 될 것 같은 언어들, 최루가스의 매캐함, 금남의 집이라던 울타리 안에서는 칙칙한 잠바를 입은 아저씨들이 맹수의 눈으로 곳곳을 수색하고 있었다.

낯선 강의실 여기저기를 찾아다니며 강의를 들어야 하는 신입생들이 간신히 강의실 위치를 인지할 3월 말 무렵 대강당 채플시간이었다. 긴 시간은 아니지만 전교생이 모두 모일 수 있는 시간이기도 하였다. 기독교 신자이든 아니든 필수로 드려야 하는 예배시간이기에 모든 학생들이 모여야 했다. 선정에겐 태어남부터 시작된 기독교와의 인연과, 중·고등학교도 모두 기독교재단에서 운영하는 학교였기에 거부감 없는 자연스러운 시간이었다. 예배를 준비하는 아름다운 파이프오르간 연주가 끝나고 예배가 시작되려는 순간, 강당의 무거운 자줏빛 커튼 뒤에서 한 언니가 뛰어나오더니 커다란 태극기를 휘두르며 '유신 철폐'를 외쳤다. 이어서 '독재정권 타도'의 외마디가 채 끝나기도 전에 무서운 아저씨들 서너 명이 사냥감을 물어 뜯듯 달려들어 끌고 나갔다. 순식간에 벌어진 광경에 모두들 벌어진 입을 다물지 못했다. 그리고 그 무력에 아무것도 할 수 없는 수치심에 그날의 예배는 장례식 분위기였다. 기독교인이거나 아니거나 그저 침묵 외에 아무것도 안 하시는 하나님을 원망하는.

그 후로 그 거대한 캠퍼스는 오래도록 휴강이라는 긴 잠을 잤다. 공식적으로 이렇게 학교를 안 가도 된다는 것이 신입생들에겐 어안이 벙벙한 진공상태의 씁쓸한 시간들이었으나 갓 지나온 고등학교 시절엔 감히 꿈도 못 꿀 달콤한 시간이기도 하였다. 곧 다시 갈 수 있으리라 생각했던 학교의 휴강은 길어졌고, 언제 다시 학교에 갈 수 있을지 가늠할 수 없게 휴강은 연장을 거듭하였다. 선정은 아직 새 책 냄새가 가시지 않은 『철학개론』을 꺼내들고 긴긴 휴강이 주는 시간 동안 같이 놀아볼 생각이 들었다.

"모든 것에는 이치가 있지요. 이해하기 쉽게 설명해서, 자연에서 일어나는 현상과 사물의 이치를 연구하는 학문이 물리학이라 한다면, 철학은 시대에 따라 연구하는 대상이 달라져서 자연에서 차츰 인간과 인간사, 인간사상, 영혼에 대한 문제, 윤리적인 고찰, 역사의 움직임에 대한 탐구, 인간의 실존 등등에 대한 탐구를 하는 학문이고 딱히 무엇이 철학이라고 정의하기 어려운 학문이라 할 수 있죠. 그러나 그 모든 것에서의 진리를 찾는 여정으로 philos(사랑하다)와 sophia(지혜)가 합쳐진 '지혜를 사랑한다' 그것이 철학의 어원이기도 하구요. 그러면 지혜란 무엇일까요?"

휴강 전 서너 번 밖에 들어보지 못한 3학점짜리 철학개론 교수님의 첫 시간 첫 질문이었다. 소크라테스가 산파술로 제자들을 가르치셨다더니 철학은 물음으로 시작되는 것인가 보다. 어쨌든 우물가에서 예수님을 만나 그를 믿고 그를 통해야 영생을 얻고 영원히 목마르지 않는 경험을 하게 될 것이며, 진리가 너희를 자유롭게 하리라던 말씀을 자기 안에서 실현시키고 싶은 간절한 소망을 떨칠 수가 없었던 선정에겐 구미가 당기는 질문이었다.

플라톤과 아리스토텔레스가 등장하고 근대철학의 아버지라는 데카르트, 변증법으로 외우던 헤겔, 순수이성비판의 칸트, 공산주의하면 생각나는 마르크스, 생의 철학이라는 베르

그송…… 간신히 페이지는 넘기고 있었으나 뭐가 뭔 소리인지 알 듯도 하다가 봉창을 두드리기도 하다가 염세주의 철학자라는 쇼펜하우어의 장을 넘기면서 키르케고르, 니체, 야스퍼스, 하이데거에 이르기까지 실존이란 낯선 단어가 거듭되면서 실존의 개념이 머릿속에 들어올 무렵, 인간은 스스로 본질을 만들 수 있는 자유를 가지고 있어 자신의 삶을 스스로 결정할 수 있는 대자對自라고 하는 사르트르와 만나게 되었다. 선정은 몸속 내장의 어느 부분이 뜨거워짐을 느끼며 사르트르의 그 무언가와 하이파이브를 하고 싶었다. 무엇보다 앞서의 철학자들이 과거시제의 언어로 귓가에서 맴돌았다면 사르트르는 현재 자신과 동시대를 살고 있는 실존 인물이기에 더욱 친근감을 가졌는지도 모른다.

실존.

이 우주의 중심이 내가 되며, 나의 실존이 본질에 우선한다는 것이다. 내가 내 삶의 주인으로서 나의 자유, 나의 주관성이 우선되어 내가 생각하고, 내가 결정하고, 내가 선택하고, 내가 책임을 지는, 선정의 이해가 바르게 된 것이든 아니든 그렇게 이해된 실존은 선정의 관심과 시선, 사고 등등을 더욱 개인적인 경험으로 만들어갔다. 빨리 그의 생각을 읽고 싶고, 알고 싶고, 배우고 싶었다.

우주의 중심은 하나님이고 그로 인하여 존재하게 된 일개의 피조물로서 죄로 가득하여 생이 다하는 순간까지 회개하고 또 회개해야 하는 구원이 필요한 기독교적 존재로 오랫동안 익숙해져 있던 선정에게, 이것은 마치 조선시대의 불살라진 노비문서와 함께 '세상에 하나뿐인 귀한 보석이 바로 너'라고 하는 가치감정서가 들어 있는 보석함을 선물로 받는 느낌이었다. 그 가치감정서에는 이렇게 기술되어 있었다.

'인간은 독립하여 존재하는 단독자單獨者로서 남과 바꿀 수 없는 유일한 존재이며, 있는 그대로 엄연한 본래적인 자인 고로 자유로운 선택에 의한 행동이 가능한 주체적인 존재이다.'

인생의 멘토를 만난 것이다. 도서관 열람실에 꽂혀 있는 사르트르의 책 표지들을 보기만 해도 선정은 이미 자신의 삶을 주체적으로 재단해 나갈 수 있는 자유인이 되어 있는 것 같았다.

그의 작품 『벽』의 마지막 장을 덮은 날은 마침 명동의 삼일로 창고극장에서 그 작품의 공연이 시작되는 날이었다. 고갯길을 따라 올라간 극장은 옷을 입지 않은 회색콘크리트의 알몸 그대로 선정을 맞아들였다. 별다른 무대 꾸밈이 없이도 극이 진행되는 감옥의 느낌이 충분한 공간이었다. 스페인 내전에서 군부의 반란에 반대하는 운동을 하던 주인공이 사형을 앞두고 바라보는 삶의 부조리와 죽음에 대한 이야기이다.

형식적인 몇 마디의 물음과 대답이 오가는 재판은 이미 결정되어 있는 사형의 간결한 예고편일 뿐, 힘없는 피고인의 삶이 죽음이 되는 과정에 필요한 것은 단 몇 마디의 말뿐이다. 사형을 앞둔 죄수들을 관찰하러 들어온 정신과 의사와의 대화가 이어지면서 이미 삶과의 단절에 함락당한 주인공은 어떠한 이성의 조절도 비웃어버리는 숨길 수 없는 몸이 되어 땀에 젖어 있었고, 그동안 삶에서 느꼈던 모든 감정들은 아무런 의미나 무게를 갖지 못하는 망상에 지나지 않았음을 느끼며 욕구가 소멸된 차가운 평안함을 느낀다.

마지막 조사에서 장교는 숨어 있는 동료의 행방을 알려주면 사형을 면해주겠노라 약속하고, 이에 주인공은 그들을 골탕 먹일 작정으로 거짓정보를 흘려준다. 그러나 그 사이 숨어 있던 장소를 옮겼던 동료는 바로 그 거짓으로 알려준 장소에 숨어 있었던 것이다. 거짓정보가 진실이 되면서 발각된 동료는 즉각 사살 당하게 되고, 자신은 약속대로 다시 삶을 되돌려 받게 되었다는 소식을 전해 듣고 우스꽝스럽게 펼쳐지는 삶을 조소하며 눈물이 날 정도로 웃는다. 삶이 그를 조소한 건지 그가 삶을 조소한 건지 모르겠는 혼란스러운 웃음으로 막이 내린다.

관객들이 다 빠져 나가는 동안에도 웃음소리는 선정의 다리를 무겁게 누르고 있었다. 지금까지 자신이 가졌던 모든 생각과 감정들이 순식간에 그 웃음소리에 스캔 당하고 있음이 느껴졌다. 절대적으로 내 몸과 내 머리를 거쳐 일어나는 감정들이기에 실재하는 것이라고 믿어 의심치 않았던 것들에 대한 점검이 시작되었다. 거짓과 진실, 보이는 실재와 보이지 않는 실재, 믿고 있는 실재와 만들어진 실재, 선정은 문득 치매에 걸려 돌아가신 할머니가 떠올랐다. 글자를 모르셨기에 평생 기록이라는 것 없이 모든 걸 뇌의 기억으로만 사셨던 분이었고, 그 기억력은 너무도 상세하고 정확해서 다른 가족들이 두 손 들어 항복할 정도였던 분이다. 그런데 어느 날부터인가 아들이 남편이 되기도 하고, 딸이 이웃 아줌마가 되기도 하고, 책상이 생물이 되어 대화를 나누기도 하던 할머니에게 보였던 새로운 세계.

'기억은 무엇이며, 과연 무엇이 실제로 존재하고 있는 진실인가.'

살얼음판에 발을 디뎠을 때 갈라져 나가는 얼음들의 균열처럼 선정의 머릿속은 끝없이 연결되어 이어지는 사고의 균열로 머리가 뜨거워지고 있었다.

감방인지 창고인지에서 나오자 지나가는 비가 촉촉이 적셔 놓은 땅바닥이 가로등 불빛을 받아 반짝이고 있었다. 극장에 들어갈 때와는 또 다른 느낌의 거리풍경이었다. 새롭게 펼쳐지는 사고의 세상은 선정에게 자꾸만 새로운 사물을 보여주고 있었다. 지금까지 인간의 언어에 의해 실제의 본질은 박탈당한 채 누군가가 만들어 놓은 개념이나 이미지를 아무런 저항 없이 그대로 받아들이고 전달하는 습관적인 생활로 이어져 가고 있었음이 느껴졌다. 내가 좋아해서 선택하고 행동한 줄 알았던 것들도 내 경험과 내가 받은 교육이 아주 잘 계산되어 취향으로 저장된 덩어리였으며, 그것들이 새로운 조건과 상황 등등에 따라 욕구하고 취하여졌던 것들이란 생각이 들었다. 지금까지 자신이 속한 집단이나 혈연, 조국, 이러한 덩어리들의 이데올로기나 가치를 개인의 그것보다 당연히 익숙하게 우선시하였던 시각도 힘을 가진 정치 지도자들의 계획된 가치였을지도 모른다는 데 생각이 미치자, 마치 빨리 건너야 할 개울을 만난 듯 조급한 마음까지 일어났다.

세상을 새롭게 인식하면서 겪게 되는 사고들은 더 큰 무거움으로 다가왔다. 익숙했던 사물들에게서 느끼는 별안간의 이 낯설음들.

'그렇다면 실존 역시 순간순간 달라지고 있는 건 아닌지? 이 생소한 느낌은 누가 느끼는 걸까.'

어느새 선정은 자기의 몸속엔 또 다른 자기가 있을지도 모른다는 생각을 하고 있었다.

"빙고!"

소스라친 놀람에 발과 말이 함께 삐끗 꺾였다.

“어마, 깜짝이야.”

“고정된 실존이라는 건 없다구.”

“뭐… 뭐… 뭐야? 너… 넌 누구야?”

“내가 나지 누구야.”

“너. 넌 어디서 온 거야? 별안간 어디서 나타난, 뭐하는 누구
냔 말이야.”

“응? 난 너랑 같이 계속 네 옆에 있었는데?”

“무슨 소리야. 난 너를 몰라. 네 이름도, 나이도, 어느 학교에
다니는지, 몇 살인지, 어디에 사는지. 그러고 보니 넌 남잔지
여잔지도 잘 모르겠구나.”

별안간 나타나 깜짝 놀라게 하더니 잠시 아무런 대답이 없던
그 애는 정말 의아한 질문이라는 표정으로 어깨를 으쓱일 뿐
이었다.

“너 왜 대답을 안 하는 거니?”

“응? 글쎄. 답할 수 없는 질문을 쏟아부으니 뭐라고 답해야
할지 떠오르질 않아서야. 그냥 지금 보이는 그대로만 보면 되
잖아. 그러니까 네가 알고 있는 단어들로 나를 보지 말란 소리
야. 그리고 그 질문들은 정말 나를 알고 싶어 하는 질문도 아니
잖아. 만약 내가 너 같이 물어본다면 넌 대답할 수 있겠니?”

“당연하지, 난 스무 살 여자이구, 내 이름은 이선정, 대학생이
구, 딸 셋 중 막내딸이구, 우리 집은 연남동이구, 뭐 대강 그래.”

"그건 실재의 네가 아닌 거 같은데."

"하하하. 너 진짜 웃기는 거 아니? 뭐 학생증이라도 보여 달라는 거야?

"아, 그럼 이제부터 네가 지으면 되겠네, 내 이름도, 사는 곳도, 나이도 말이야. 원래 이름은 필요한 사람이 짓는 거잖아. 난 내 이름을 부를 일이 없거든. 근데 그렇게 하면 내가 있게 되는 거야?"

"무, 무슨 소리야. 내가 어떻게 네 이름을 지어. 나는 네가 도통 무슨 소리를 하는지 못 알아듣겠어."

불쾌함을 꾹 누른 선정은 퉁명스런 목소리로 말했다.

"아, 난 지금 심각해. 누군지도 모르는 너랑 이렇게 실없는 소리를 하고 있을 시간이 없어."

"어? 네가 먼저 말 시켰잖아, 나한테. 존재의 순수에 대해서 묻고 있었던 거 아니었어? 진실로 존재하고 있는 게 뭔지, 또 그 존재는 본질적인 건지 말이야."

"으 으응. 마 맞아. 근데 시간이 없다구."

"시간은 어디서 오는 건데?"

"응? 시, 시간?"

"넌 나에 대해선 질문 투성이더니. 시간은 어디서 와서 언제부터 있던 건지, 진짜 시간이란 실체가 있는 건지 왜 묻지를 않고 그냥 당연히 있는 거라고 생각해?"

"어? 어, 그 그러네. 그렇지만 시 시간은……."

"그거야말로 사람들이 만들어서 있는 거 아니야? 누군가가 이미 붙여 놓은 이름이나 매겨 놓은 가치를 고정시켜 놓고 알맹이는 없이 개념들만 핑퐁하구 있잖아. 그러니까 이제부터 그것들을 모두 잊어버리고 다시 분해해서 바라보고 통찰하여 자기만의 가치매김을 해 보는 거야. 세상을 네 눈으로 새롭게 인식해 보는 것도 무척 재미있고 깨달아지는 것도 많게 돼. 그래야 비로소 네가 생각하고 선택하고 결정하고 책임진다는 말을 할 수 있는 거 아냐?"

"어, 근데… 그렇지 않아도 요새 자꾸 내 생각, 내 가치 등 나를 위한 '내'가 많아지면서 나에 대한 것에 집중하다보니까 '우리'가 점점 없어져 가는 것이 조금 혼란스러워."

"우리?"

"응. 우리 집, 우리나라, 우리 엄마, 그런 '우리' 말이야. 자꾸만 나, 나 하다 보니까 뭔가 나의 이기심이 자꾸 자극되는 거 같단 말이야. 심지어 타인을 위해 봉사하거나 자선을 베풀 때도 순수하게 그를 도왔다는 생각보다는 나의 만족을 위한 행위라는 생각이 들었거든. 그러면서 내 이기심이 점점 나의 방패가 되어가는 느낌이야."

"저런, 너는 너 자신이 즐거움이나 쾌락을 느끼는 것에 무슨 죄의식이라도 있는 거 같구나. 남도 좋으면서 나도 좋으면 그게 최고 아냐? 네가 말하는 '우리'는 또 어쩌면 '나와 다른 그룹의 우리'를 만드는 편협하고 차별적인 개념이 될 수도 있다는 생각은 안 해봤어?"

그 아이의 입에서 나오는 한마디 한마디가 선정의 뇌와 충돌하는 느낌이 들었다.

"아, 아직 나의 이해가 많이 부족한 것 같아. 다, 다음에 만나서 얘기하자. 나 진짜 시간이 없거든."

"다음에? 다음은 또 뭐람. 다음이 어떻게 있을 수 있어? 지금뿐인 걸."

"아, 아무튼 그럼……."

혹시라도 계속 말을 이어가든지 뒤따라올까 봐 허둥지둥 서둘러 가방을 메고 눈을 피하자 그 애는 나보다 더 빨리 사라지고 없었다.

그렇게 시작된 그 애와의 짧은 첫 만남은 뭔가에 홀린 듯한 이상한 경험이면서 시간이 지날수록 더욱 생생해지는 경험이 되었고, 그 애가 던진 이상한 말들은 발아되기 직전의 씨앗이 되어 이십 년 동안 정리해놓은 선정의 뇌 속에서 빠르게 자라고 있었다. 미처 생각지 못한 곳으로 뻗어나가는 가지를 보는 것이 새로운 놀이가 되었고 제법 재미있었다.

한 달이 넘어가는데도 학교에서는 다시 개강한다는 연락이 없었고, 휴강으로 인해 치를 수 없었던 중간고사를 대신해서 각 과목마다 교수님들이 내준 리포트를 제출하러 학교에 가야 했다. 청춘들의 웃음소리에 재갈을 물린 텅 빈 교정은 개미의 발자국 소리가 들릴 만큼 적막하였다. 언덕을 오르다가 돌 틈 사이로 고개를 내민 연둣빛 새싹과 눈이 마주쳤다. 헐레벌떡 오르내리던 예전에는 볼 수 없었던 돌들과 풀 친구들이 중력이 묻어 있는 손으로 잡아당기는 바람에 그 자리에 주저앉았다. 그들은 잠시 집에 들른 가족을 반기듯 그동안 준비한 아름다운 잔치를 펼쳐 보여주었다.

벌거벗은 몸으로 바람을 맞이했던 나뭇가지들은 어느새 찬란한 배꽃의 옷을 입고 새들과 함께 춤을 추고, 나무들 사이로 보이는 하늘로부터는 눈부신 보석들이 쏟아져 내려오고 있었다. 선정의 입술은 어느새 탄성의 아리아를 부르고 있었다. 볼에 닿은 바람에선 오래 떠나 있던 집에서 맡을 수 있는 냄새가 났다. 어린 시절 무동을 타고 맡았던 아버지의 땀 냄새와 엄마의 젓가락 지휘 끝에서 삶아지는 빨래 냄새였다. 그렇다. 그리움이었다. 집 떠남의 자유는 집으로 돌아감의 그리움을 그림자로 안고 있었다.

'펼쳐 놓은 아름다움이 선물한 따스한 애정의 느낌은 어디로부터 비롯된 것일까? 시대나 장소나 인종을 불문하고 누구나, 언제나 느끼는 변하지 않는 절대적인 아름다움은 있을까?'

4. 언어 밖의 그것과 만남

두 달 가까이의 긴 휴강이 끝난 학교는 깁스를 푼 아이마냥 다시 활기를 띠었다. 배꽃이 떨어진 자리엔 연두색 이파리들이 또 다른 꽃을 피웠다.

1교시는 교목교수님이 강의하는 동양철학이다. 학교 예배시간을 이끄는 목사님께서 강의하는 동양사상이라? 마치 턱시도를 입은 지휘자가 연주하는 거문고소리를 듣고 싶은 호기심과 기대를 가지고 신청한 교양과목이었다. 선정에게 동양사상이라면 얼른 생각나는 것이 불교? 유교? 도교? 이런 것들이었다. 어려서부터 교회 어른들로부터 선정이 들어온 불교는 돌멩이로 사람을 만들어 앉혀 놓고 우상에게 절하며 섬기는 말도 안 되는 종교이며, 더더욱 그 종교에는 신이 없기에 엄밀히 말하면 종교도 아닌 윤리나 도덕으로서의 가르침이라 배웠다. 그러기에 매번 풍경 좋은 절로 가는 어린 시절의 소풍은 선정에겐 우상의 집을 방문하는 끔찍한 경험일 뿐이었다. 일주문을 지나 천왕문 위에 그려진, 동서남북 사방으로 부처의 법을 지키는 사대천왕들의 무서운 얼굴은 어린 선정의 눈엔 그야말로 공포스러운 사탄이었고, 절에서 나는 향 냄새는 귀신들이 피우는 담배냄새 같은 고약한 냄새였다. 소풍 갔다 돌아오는 날이면 영락없이 체한 김밥을 토해내는 선정은 친구들의 즐거운 소풍이 전혀 이해되지 않는 스트레스 체험의 날이었다. 또한 유교는 조상을 섬긴다며 죽은 귀신에게 절하고 예의범절이나 따지는, 종교가 아닌 철학사상이며, 도교는 무위자연이 신이라는데 자연은 우리 하나님이 창조하신 거니 당연히 하나님 하위급 사상이라 알고 있었다.

과연 교목이신 교수님은 어떤 말씀으로 기독교를 유일한 세계 최고 우위의 종교로 가르쳐주실까. 적어도 교회의 목사님, 장로님들처럼 무조건적인 믿음으로 신앙을 요구하시지는 않을 것이며, 그래서 좀 더 지적으로 성숙한 고급의 하나님을 만나게 되는 계기가 되지 않을까 기대하였다.

1장. 도道라고 이르는 도는 영구불변한 도가 아니고, 이름이라고 이르는 이름은 영구불변한 이름이 아니다. 즉 그것들은 언어를 초월한 존재다. 그렇기에 이름 없는 상태, 즉 무명無名이야말로 천지의 원초적 상황이며 이것에서 이름이 생김으로써 모든 현상이 존재하게 되는 터이므로 유명有名은 만물의 어머니이다.

'앗!'
선정은 노자의 『도덕경』에 '도'라 쓰인 곳에 '하나님'을 대입시켜 처음부터 다시 천천히 읽어 내려갔다.

절대계와 상대계가 동시에 존재하는 것, 그런 것들을 성립시키고 있는 우주의 본체로 영구불변하는 실재의 절대적인 것을 바로 하나님이라 한다. 그러나 세상에서 이름 지워진 개념이나 명칭은 어느 것 하나 상대적인 차별에서 자유로울 수 없기에 궁극의 것은 되지 못하는 것이다. 절대적이라는 말은 상대적이란 말의 상대어가 되므로 개념의 개입이 이루어지지 않은 상태, 그저 사람들이 이해하고 소통하는 데 불편하지 않도록 지어진 것을 어떤 경우든 변하지 않는 하나님이라고 한다.

'그렇지, 흠잡을 데 없는 하나님의 소개로군.'

2장. 천지보다 먼저 생긴 것이어서 소리도 없고 형태도 없으며 독립적인 존재요, 영원히 사멸함이 없는 존재이다. 그것은 모든 것에 두루 미쳐 끝나는 데가 없고, 항상 일체의 것을 만들어내고 있는 이 세계의 어머니라고도 하겠다.

그것은 절대로 자율적인 것이며, 또 시간과 공간 속에 두루 펼쳐 있는 것으로서 만유의 원소가 되는 것이거니와 그 자체는 어떤 감각으로도 포착되지 않는 까닭에 이름을 붙일 수가 없다. 그러므로 하나님이라는 말은 부득이해서 붙인 이름일 뿐이다.

3장. 이것은 보려 해도 보이지 않는다. 그래서 빛깔이 없는 것이라 한다. 이것은 들으려 해도 들리지 않는다. 그래서 소리가 없는 것이라 한다. 이것은 잡으려 해도 잡히지 않는다. 그래서 형태가 없는 것이라 한다. 그러므로 이것이 뒤엉켜서 하나가 되어 있다고 보아야 한다.

그것은 그 위쪽이 밝지도 않고 그 아래가 어둡지도 않으며, 만물을 끊임없이 생성하여 이름을 붙일 수가 없다. 그리고 그것은 다시 무의 저쪽으로 돌아가는 것이다. 이것을 상황 없는 상황, 형상 없는 형상이라 하며, 이것은 있는 듯하면서 없고, 없는 듯하면서 있는 것이라 이른다.

'하나님의 성질 또한 막힘을 찾을 수 없군.'

"어머나, 네 심장이 아주 빨리 뛰고 있구나."
"어? 너, 넌 또 언제 온 거야?"

지난번에 별안간 나타나 놀라게 하고 말없이 가버린 그 이상한 아이였다.

당황스러운 만남에 말을 이어갈 수 없었지만, 그렇지 않아도 그 애가 했던 이상한 말들로 인한 궁금증 때문에 은근히 다시 만나기를 기다리고 있었는지 반가운 마음이 들었다.

"언제?"

"응, 그건 그렇구. 내가 아주 맘에 드는 하나님을 발견한 거 같은데. 내가 읽어줄 테니 너도 한번 들어봐."

"하하하. 맘에 드는 하나님? 네 맘 안에 들어가려면 꽤 작아야 할 것 같긴 한데, 아무튼 네 심장이 빨리 뛰는 거 보니 궁금하긴 한 걸. 그래 들어보자."

5장. 유현한 하나님이 하나의 근원이 되어 그 하나가 음양의 둘로 갈라지고 이 두 기운이 천지의 조화된 기운에 의해 화합하게 되어 마침내 만물이 생겨나게 된다. 만물은 모두 음을 업고 양을 안으며, 충기沖氣라는 매개자가 끼어들어 그것을 조화시키기 마련이어서 천하의 모든 것은 유有에서 생겨나고 유는 무無에서 생겨나게 된다. 만물이 일어나도 사양하지 않으며, 생겨나도 제 것이라 하지 않고, 만들고도 그것에 의지하지 않으며, 공이 이루어져도 처음부터 주저앉지 않는지라, 구태여 떠나려고도 하지 않는다.

10장. 근본으로 돌아가는 것이 <u>하나님</u>의 움직임이요, 유약함이 하나님의 작용이다.

잘 듣고 있는지 궁금해서 쳐다본 그 아이는 단추 구멍에 손가락을 넣고 돌리며 장난치고 있었다.

"잘 좀 들어봐. 그 하나님이 어떻게 작용하고 있고 어떻게 인식해야 하는지."

"어. 잘 듣고 있어. 염려하지 말고 계속 읽어봐."

14장. 수레바퀴의 구조는 서른 개의 바퀴살이 한 개의 속 바퀴에 모여 있으나, 그 속 바퀴 구멍 무無 속에서 바퀴가 회전하는 작용이 일어난다.

찰흙을 이겨서 그릇을 만드는 경우에도 그 빈 곳이 그릇으로서의 구실을 한다.

문이나 창을 내고 방을 만드는 경우에도 그 비어 있는 부분이 방으로서 이용된다.

그러므로 유有가 어떤 구실을 하는 것은 무無가 작용하는 까닭이라 할 수 있다.

19장. 천하 사람이 누구나 미美를 미라 의식하는 것은 추醜가 있는 까닭이며, 누구나 선善을 선이라 의식하는 것은 선하지 않은 것이 있는 까닭이다. 그러므로 유有와 무無도 각기 상대에 의존해서 생기고, 어려움과 쉬움도 서로 대립해 성립하고, 길고 짧다는 개념도 서로 비교할 때에 이루어지며, 높고 낮음도 서로 상대를 예상하는 것이며, 악기의 음音과 노래의 소리(聲)도 서로 조화되어 생기는 것이며, 앞이니 뒤니 하는 것도 서로 따르기 마련이다. 그러기에 성인은 무위無爲라는 <u>하나님</u>에 서서 말없는 가르침을 행하는 것이다. 그러기에 일에 있어서 <u>하나님</u>을 따르는 사람은 그 <u>하나님</u>과 일체가 된다. 덕이면 그 덕과 일체가 되고 실失이면 그 실과 일체가 된다. <u>하나님</u>과 일체가 되면 하나님도 또한 이를 얻어 즐거워하고, 덕과 일체가 되면 덕도 또한 이를 얻어 즐거워하고, 실과 일체가 되면 실도 또한 이를 얻어 즐거워한다.

23장. 덕을 두텁게 체득하고 있는 사람은 갓난애와 같다. 갓난애는 독충도 물지 않으며 맹수도 덤비지 않으며 사나운 새도 채가지 않는다. 뼈는 약하고 근육은 부드러우나 굳게 쥘 수 있으며, 아직 남녀의 정을 모르나 고추가 빳빳하게 서 있는 것은 생명력의 극치라 하겠다. 그리고 종일 울어도 목소리가 쉬지 않는 것은 조절작용(和)의 극치임을 말해 준다.

이렇게 조절작용을 아는 것을 <u>하나님</u>의 본체(常)라 하고, <u>하나님</u>의 본체를 아는 것을 진정한 지혜(明)라 하고, 무리하게 살려는 것을 불길(祥)이라 하고, 마음이 의식을 부리는 것을 무리(强)라고 한다. 대저 사물이란 왕성하면 쇠하는 것이니, 이것을 하나님의 뜻에 어긋난다 하며, 하나님에 어긋나면 결국 망하게 마련이다.

"이것 봐, 그러니까 하나님이 벌을 내리고 우리가 그 벌을 받고 했던 게 아니라 하나님을 아는 지혜에 어긋남은 스스로 벌을 선택한 것이 되는 거지."

31장. 천지는 영원하다. 천지가 영원할 수 있는 것은 자기의 뜻으로 살아가지 않기 때문이다.

70장. 남을 이해하는 것이 지智요, 자기를 아는 것이 명明이다. 지智는 명明만 못하다. 남을 이기는 사람은 힘이 있음이요, 자기를 스스로 이기는 사람은 강하다. 전자는 후자만 못하다. 만족할 줄 아는 사람이야말로 부자다. 물질적 부유는 이를 따르지 못한다. 애써 하나님의 뜻을 행하는 사람은 뜻이 있다 하겠으나 하나님을 체득하여 그를 떠나지 않는 사람은 장구할 것이다. 전자는 후자만 못하다. 죽고서도 없어지지 않는 이야말로 장수했다 할 수 있다. 아무리 오래 살아도 죽음과 함께 없어지고 만다면 전자의 장수와 비교할 바가 못 된다.

81장. 악과 상대관계의 선善이 아니라 뒷면에 악이 없는 선, 따라서 악으로 전환되는 일이 없는 절대 선이 상선上善이다.

전지전능하고 무소 부재하여 만물을 발생케 하고 움직이게 하며 다시 돌아가는 근원이 되는 것, 만질 수도 볼 수도 설명할 수도 없으나 작용이 멈추지 않는 것, 자기의 작용을 자랑하지도 자기 것이라고도 말하지 않는 것, 물과 같이 자기의 형태를 갖지 않으나 낮은 곳에서 모두를 이롭게 하는 것.

"아, 정말 멋있지 않니? 이 세상 모든 존재 속에 있는, 세계와 하나된, 자연과의 조화가 극도로 이루어진 합일, 존재를 꿰뚫는 비존재로 현존하는 하나님, 자연의 질서와 섭리, 그러기에 시작과 끝이 있을 수 없는 하나님인 거야."

"그러면서도 자기의 강함을 내세워 절대 벌하거나 질투하거나 하지 않는 하나님이기에 혼내고 벌주는 하나님이 싫었던 네겐 정말 가슴 뛸 신선한 하나님이겠는 걸."

"그렇지, 너도 그렇게 생각하지?"

의외의 곳에서의 기쁜 만남은 뜨거운 눈물로 볼을 타고 내려와 입술의 계곡으로 흘러 들어갔다. 광야에서 맛보는, 하늘에서 내리는 만나의 달콤함이 혀를 적시고 있었다.

"모세가 호렙 산에서 백성들을 이끌고 갈 지도자로 출애굽을 명命 받으면서, 백성들에게 가서 당신이 누구라고 말해야 하느냐고 질문했을 때 '나는 스스로 있는 자다'라는 명료한 대답은 '순리' 그 자체가 당신이라는 것이었던 거야. 조형된 자가 아닌, 스스로 있는 자."

선정은 순례길의 여행자가 한숨 돌리며 주저앉아 마시는 물처럼 시원한 침을 삼키고 계속 말을 이어 나갔다.

"무심하여 일체 작위적이지 않은 것이기에 갓난아이와 같지 않으면 하늘나라에 들어갈 수 없다고 한 예수의 말도 그 뜻이었던 거지. 그러니 율법의 감옥에 갇혀 죽은 자의 무덤에 덕지덕지 회칠만 하고 있는 제사장들과, 또 그를 따르는 무지한 민중들의 닫힌 귀 앞에서 '들을 귀가 있는 자는 들으라'라는 말밖에 할 수 없는 예수의 그 절망적 상태의 외침이 얼마나 공허했을까."

"심히 안타까웠을 마음이 헤아려지는구나."

"그럼에도 불구하고 사랑하기를 해법으로 남긴 예수, 정말 멋지고 훌륭한 청년이지 않니?"

"네 말을 들어보니 그동안 네 해석에 오류가 많았던 거 같네."

"그래 맞아. 나는 사실 내가 직접 하나님을 만났다기보다 우리 가족이 먼저 만난 하나님을 그들이 다니는 교회에서 만날 수밖에 없었던 거야. 그런데 조선시대에 들어온 그 하나님은 왕권주의와 유교문화의 껍데기만 남아 있는 조선의 가부장적인 가치와 문화의 언어로 해석되어 있던 데다가 우리 사람의 사고수준으로 의인화되어 만들어진 하나님이었던 거지."

"음, 당연히 오해할 수밖에 없었겠네."

"무엇보다 지금까지 어쩔 수 없이 아버지라고 부르면서도 존경할 수 없었던 하나님과 화해할 수 있게 되어 마음이 한결 가벼워졌어."

별안간 손을 번쩍 들은 선정이 허공에 손을 내밀어 장난스러운 화해의 시늉을 보내자 그 아이는 또 어느새 사라지고 없었다.

그 일이 있은 후로 선정은 묻지도 따지지도 말라던 엄마를 비롯한 교회 안의 어른들에겐 오합지졸 금서였던 동양의 가르침들에 귀를 기울이고 손을 대기 시작하였다. 그리고 굶주린 사자가 초식동물을 뜯듯, 성능 좋은 청소기가 흡입하는 먼지들의 속도로 빠져 들었다. 종교나 철학 같은 인간의 정신과 마음에 대한 사유와 지침을 기독교 안에서만 바라볼 수밖에 없었던 선정은 동서고금 고민하는 인간의 보편적인 문제들이 서로 비슷함에 다시 한 번 놀라고, 또 많은 사상가들이 그 문제들로부터 극복의 해법을 찾아가는 다양한 길들의 교집합에 경이로움이 느껴지기까지 하였다.

모든 사람들이 수평적인 관계에서 서로 사랑해야 가장 평화로운 공존이 이루어지며 그렇게 함으로써 내게 이로워진다는 묵자의 사랑은 마르크스와 예수가 악수하고 있는 모습을 상상하며 미소 짓게 하였다. 이해되지 않았던 성경 구절들도 술술 풀려 나가는 느낌이 들며, 그동안 동양사상가들에 대한 선입관과 편견으로 참 모습과는 거리가 먼 가짜 상밖에 볼 수 없었던 애꾸눈이 안대를 벗어던지고 치유 받는 느낌이 들었다.

선정에게는 밤새워도 피곤치 않은 새로운 놀이가 생긴 것이다. 모든 관념들, 가치매김의 근원들이 모두가 상대적일 수밖에 없는 이 세상의 현상들을 반대쪽 시각으로 보기 놀이였다.

통찰이란 누군가가 이미 붙여 놓은 이름들을 잊는 것이라 하였던가. 궤변가들이라 불리는 소피스트들의 사상이나 언변술은 색다른 시각으로 흥미를 끌었다. 또 장자와 말장난으로 둘도 없는 친구인 혜자의 시각은 얼음판을 가르는 스케이트 날처럼 예리하고 매력적으로 생각할 거리를 많이 남겨주었다.

5. 순수가 이렇게 어른이 되어가는구나

"때르르릉~"

"여보세요?"

"이모오~"

"어어, 세상에서 제일 예쁜 우리 유진이구나. 저녁은 먹었어?"

"이모, 나 무서워… 우리 집에 좀 와라."

"엉? 왜, 왜, 엄마는? 아빠는? 유빈이는?"

"큰아빠가 쓰러지셨는데 그래서 위독하시대. 근데 아빠는 지금 출장에서 돌아오는 길이라 그래서 병원에 늦게 도착하신대. 그래서 엄마라도 병원엘 가봐야 하는데, 거기에 어린이들은 들어갈 수가 없대. 그래서 우리를 데리고 갈 수가 없대. 그래서 아까 엄마가 이모한테 전화했는데 이모가 전화 안 받는다고. 그래서 그냥 내가 괜찮다고 다녀오라고 했어. 그래서 금방 다녀온다구 나갔는데 아직까지 안 오셨어. 근데 자꾸 유빈이가 울어. 나두 아까는 안 무서웠는데…… 흑…….”

마음은 급하고 설명은 해야 하니 그래서 그래서가 계속된 유진이의 설명이었다.

“저러언, 알았어 알았어. 이모 금방 갈게. 울지 말구 모든 방에 불 다 켜 놓구, 텔레비전 틀어 놓구 조금만 기다려, 삼십 분 안에 갈 테니까.”

“응, 알았어. 이모, 잠깐만 유빈이가 바꿔 달래.”

“그래, 그래.”

“이… 모… 으 아아앙.”

“어 어, 유빈아 울지 마. 우리 유빈이 이쁘지? 이모가 지금 과자 사 갖구 유빈이한테 얼른 갈 테니까 울지 않구 기다릴 수 있지?”

“…….”

울음을 삼키고 고개를 끄덕이고 있는 유빈이의 귀여운 모습이 보이는 듯하다.

“으응, 이모 빨리빨리 가야 되에… 과자 두 개 사 갖구우. 빨리 내일 아침에 가야 되에. 알아찌?”

“알았어, 알았어, 과자 두 개 사 갖구 얼른 갈게… 알았지? 언니 말 잘 듣구 있어.”

지금까지 학교에서나 집에서나 친구들에게나 이름으로만 남과 구별되어 불리었던 선정에게 이름이 아닌 ‘이모’라는 뭔가 끈끈하기도 하고 어른스러워 보이기도 하는 호칭으로 존재의 무게감까지 선물해준 조카들이 지금 자기에게 도움을 청하고 있다. 지켜야 하는 사랑의 호출에 선정은 자기가 무얼 입었는지, 자기의 몰골이 어떤지 생각할 겨를도 없이 코트와 지갑만 들고 총알처럼 튀어나왔다. 집 앞 슈퍼에서 과자와 껌, 아이스크림을 사들고 택시에 올랐다. 자기가 들어가면 폭발적으로 달려들어 안기는 장면을 상상하고 있자니 오늘 따라 거리에 신호등이 필요 이상으로 많다고 느껴지며 한참 어휘력이 늘어서 상상도 못할 귀여운 말을 쏟아내던 유빈이와의 통화가 떠올랐다.

'으응, 이모 빨리빨리 가야 되에… 과자 두 개 사 갖구우. 내일 아침에 가야 되에.'

유빈이의 맞지 않는 동사쓰임의 귀여움에 선정은 과자가 든 봉지를 만지작거리며 미소를 지었다. 유빈이의 머릿속에는 간다 온다의 개념은 필요 없다. 그저 누군가가 움직이는 것이면 모두 '간다'가 되고, 자기가 아는 가장 빠른 시간의 단어는 '내일 아침'인 것이다. 어른들은 유빈이가 장차 받게 될 교육과, 소통의 매끄러움을 위해서 쉬지 않고 수정하고 반복하기를 하며 사회적으로 바른 개념을 가르쳐 갈 것이다.

'이모 빨리 가야 되에 가 아니라, 이모 빨리 와야 되에 라고 말하는 게 자연스러워질 때까지 계속.'

진행되어 보이는 행동이나 현상은 하나인데, 시선의 차이는 반대 개념을 떠올리게 한다. 나는 가는 행동이 상대에게는 오는 행동으로, 나에게 여기에가 상대에게는 저기에로 또 다른 제삼자에게는 거기에로, 나의 오른쪽은 상대에겐 왼쪽으로. 글을 처음 배운 어린이가 차창 밖의 간판글씨를 읽어 가며 재미를 느끼듯 선정에겐 모든 풍경들이 빠르게 다른 모습으로 읽혀져 갔다. 크고 작고, 무겁고 가볍고, 아름답고 추하고, 늙고 젊고, 있고 없고, 어둡고 밝고 이 모든 것이 모두 상대적인 개념에 의해서 성립되고 있질 않은가.

기준으로 설정된 평균적 잣대는 과연 얼마나 객관적일 수 있는가. '거북이가 뱀보다 길다'라고 말했을 때, 동물의 수명을 기준으로 하여 들은 사람은 그 말이 맞다고 할 것이고, 물리적 길이를 기준으로 하여 들은 사람은 그 말이 틀리다고 할 것이다. 객관적임은 애초에 있을 수가 없다. 바닥이란 것이 있으니 천장도 있는 것이고, 삶은 죽음을 있게 하고, 조카는 이모를 있게 하고, 이모는 조카를 있게 하고, 이 세상 모든 걸 대입시켜 보아도 어느 것 하나 상대적이지 않은 것이 없었다.

"손님, 아파트 안으로 들어갈까요? 몇 동이신가요?"

"아, 예. 그냥 여기서 세워주세요. 감사합니다."

선정은 맨발로 튀어나와 안기는 조카들을 안으며 마치 자기가 낳은 생명체의 보호에 성공한 듯한 동물적 희열감 같은 것이 밀려옴을 느꼈다. 묘한 경험이었다. 사 가지고 온 과자와 아이스크림을 정신없이 먹던 유빈이가 대뜸 뭔가 생각난 듯 사뭇 진지한 표정으로 말하였다.

"이모오 나는 이다아아음에 커서 슈퍼 아줌마가 될 거야. 아이스크림두 많구 과자두 많구 거기 장남감두 있어. 얼마나 좋다구 내가 이모두 줄게."

"어? 정말? 이모두 줄 거야? 고마워, 유빈아. 야! 신난다. 근데 얼마큼 줄 거야?

"마아니. 하늘땅만큼 마아니."

"와. 정말 신나네. 유빈이가 빨리 컸으면 조케따아."

선정의 말이 끝나기도 전에 유진이가 흥분된 목소리로 얘기하였다.

"이모. 나는 어렸을 적엔 요리사가 되고 싶었는데, 지금은 바뀌었어. 미용사가 돼서 우리 엄마 예쁘게 파마해줄 거야."

"우와. 이모는? 이모두 예쁘게 해줄 거지?"

"그러엄. 음……."

잠시 이모를 쳐다보던 유진이는,

"이모. 이모는 짧은 머리보다 긴 머리가 어울리는 거 같아. 그러니까 이제부턴 머리 자르지 마, 알았지?"

"아, 네네. 최고의 미용사니임. 말씀 잘 받들겠습니다아."

"하하하."

신나는 미래가 만들어준 웃음으로 거실이 더 환해졌다.

"근데 이모는 이다음에 커서 뭐가 될 거야?"

"음… 이모는… 이모는 그냥 일단 나를 빨리 찾고 싶어."

"에이, 그게 뭐야아."

어느새 껍데기만 남겨진 껌과 과자의 잔해들도 아이들과 함께 선정의 싱거운 대답에 실망하는 듯 보일 때, 궁색함을 눈치챈 구세주가 오듯 언니와 형부가 헐레벌떡 들어왔다.

"엄마아~ 아빠아~"

총알같이 달려간 유빈이는 몇 년 만에 만난 엄마 보듯 품에 안겨 다시 서럽게 울었고, 유진인 마치 어린 동생을 책임져야 하는 고아자매의 가장이 되었던 눈물겨운 시간들을 어찌나 그럴듯하게 늘어놓는지 슬픈 영화 한 편 나올 법한 책망이 늘어졌다. 성장이 빠르고 머리가 상당히 영특한 조카라 평소에도 가끔 뱉어낸 말에 놀랄 때가 있었지만 어느새 저렇게 자기의 입장을 표현하고 동의받기 위해 과장된 말과 몸짓을 사용할 줄 알게 되었는지 신기하기까지 하였다. 삽시간에 엄마와 아빠는 자기들을 방치하고 학대한 가해자가 되고, 이모는 그들을 구해준 메시아가 되어가고 있는 광경을 보며 '겨우 여덟 살 아이의 입에서 나오는 소리로도 이렇게 죄인과 구세주가 만들어질 수 있구나'라는 생각이 들었다. 처음 들을 땐 유진이의 감정표현이 재밌기도 하고 한편으론 놀랍기도 우습기도 하여 가

만히 듣고만 있었는데, 미안해서 안절부절 어쩔 줄을 몰라 하는 형부를 보니 유진이 떠들고 있는 어린 정치가로 보였다. 뭔가 브레이크가 필요한 순간이라 여겨진 선정은 자기도 모르게 한마디 했다.

"유진아, 만약 엄마아빠가 안 돌아오셨으면 어쩔 뻔했어?"

잠시의 상상에 멈칫하던 유진이는 참았던 눈물을 쏟으며 와락 아빠 품에 안겼다. 동생까지 돌봐야 하는 중압감이 꽤 무겁고 컸었나보다.

"그러엄, 우리 유진이가 얼마나 언니답다구요. 그렇지이~"

언니의 추임새로 가족상봉은 일단락 지어졌다.

'그렇구나. 저 〈답다〉라는 말이 유진이에게 중압감을 가져다준 범인이었구나. 도대체 사람들은 왜, 무슨 근거로 〈답다〉라는 말을 쓰게 된 걸까. 누가 정해 놓은 몹쓸 말이었던가.'

언니가 사온 통닭이 뻣뻣한 가슴살만을 남기고 식어가자 재잘재잘 떠들던 아이들의 목소리도 차츰 조용해졌다. 다시 돌아온 편안한 배부름이 거실에 함께 누워 있었다.

선정이 일어나 코트를 집어 들자 유빈이는 가지 말라고 또 울먹이고, 유진이는 이모의 신발을 숨기고 자기들과 함께 자자고 졸랐다.

"이모 낼 아침 일찍 학교 가야 하는데……."

"내가 아침 일찍 데려다줄게."

형부가 다급히 말하며 구원의 눈빛을 보내왔다.

"오. 오케이. 좋았어. 그럼 우리 같이 양치할까?"

"와~"

박수치며 방방 뛰는 조카들과 함께 자리에 누워 시계를 보니 10시다.

"이모, 한 밤만 자구 갈 거야? 두 밤 자면 안 돼?"

"이모 학교 가야 하는 걸? 이모 방학하면 세 밤 네 밤 자구 갈게."

"정말? 약속~"

"자, 이제 우리 예쁜이들 어서 꿈나라 우주선에 탑승하실 까요?"

잠시 후 언니가 들어와 불을 끄자 하늘에서 별이 쏟아지는 듯했다.

형부가 일본 출장을 갔을 때 아이들을 위해서 공수해온 야광 별이 프린트되어 있는 천장벽지는 실제로 시골 마당에서 올려다보는 하늘처럼 아름다웠다.

"이모, 저 별이 모두 몇 개인 줄 알아?

"글쎄… 유빈이는 알아?"

"응, 열셋 백 천 개."

"우와, 그렇게 많아? 유빈이 세기도 잘하는구나아, 그지?"

유빈이는 얼마 전부터 수의 개념이 들어온 것 같다. 무엇이
든 보면 세는 재미에 빠졌다.

과자를 먹으면서도 세기 바쁘더니, 이제는 별을 보고 아름답
다는 느낌보다 몇 개임을 세는 것이 더 흥미로운가 보다.

"한 개… 세 개… 다섯 개….."

'과자도 저 별들도…… 공장에서 찍어낸 똑같다는 물체라도
사실 완전히 똑같은 것은 하나도 없는데 어떻게 우리는 같은
묶음으로 세어 왔을까.'

이 세상 모든 것은 굳이 숫자를 센다면 한 개라고밖에 말할
수 없겠다는 생각이 들었다.

"저기 코뿔소가 뛰어가는 거 보여?"

유진이가 뭔가 새로운 걸 발견한 듯 손가락으로 가리키는 곳
에는 초승달이 뿔처럼 별 끝에 붙어 있었다.

"어디? 언니야 어디? 코…뿔… 아아, 저거 토끼야 토끼."

"하하. 엄마토끼야? 아가토끼야?"

"아가토끼는 코~ 자러 가구. 저건 엄마토끼야."

"아, 그렇구나아. 자, 이제 '토끼야 잘자라' 하고 우리도 눈감
고 코~ 잘까?"

'나와 아이들이 바라보는 천장은 같은데 나는 시골 마당의
하늘이 떠오르고, 유진이는 코뿔소를 떠올리고, 유빈이는 토
끼를 떠올리고. 저기엔 세 개의 천장이 있었네. 보는 일은 눈만

의 일이 아니었네. 사람들은 어쩌면 각자 다른 것을 보고 다른 생각을 하면서 나름 의사소통이 되고 있다고 착각하며 대화하고 있는지도 모르겠구나.'

유빈이는 다시 하나, 둘, 셋, 다섯, 열 하더니 또 하나, 둘, 셋, 다섯, 열을 꽤 자랑스러워하며 반복하여 세고 있었다. 유진이는 긴장이 풀어졌는지 어느새 잠이 들었고 유빈이도 점점 목소리가 작아지더니 숫자 세는 소리 대신 심장이 뛰는 소리를 들려주었다. 적막과 몸의 가까움이 주는 소리였다. 조카들을 사랑하여 들리는 관심의 소리이기도 하였다.

'나의 바깥 어딘가에 소리가 있어 귀에 들리는 것뿐이라고 생각하고 있었는데 소리의 종류도 크기도 느낌도 나의 듣고자 함이 함께하고 있었구나.'

유진에게 주었던 팔을 살짝 빼면서 흘러내린 머리를 쓸어 올려 주었다. 아직 솜털같이 보드랍고 가느다란 머리카락의 느낌이 전달되어 왔다. 지금도 이렇게 어린 유진이가 '어렸을 적에'라는 말을 사용한 게 생각나 웃음이 나왔다.

'어렸을 적엔 요리사가… 이다음에… 미래에… 애들은 어느 시간을 기준으로 이렇게 말하게 되었을까. 지금 현재라고 불리는 이 순간도 빠르게 과거가 되어가기에 있을 수 없는 시간이니 기준을 세울 수 없고, 기준이 없으니 과거나 미래라는 말도 쓸 수 없는 말이 되겠구나.'

선정은 시간을 지우며 한참 동안 천장만 바라보고 누워 있자니 많은 별들 때문인지 마치 자신이 우주 속에 있는 한 별로 붕붕 떠서 누워 있는 공간도 지워지는 기분이 들었다.

'유진이와 유빈이는 도대체 무엇이 무서웠을까? 이 공간 어디에도 이 아이들을 무섭게 하는 존재는 있지 않은데. 이 꼬마들은 언제부터 무서움이라는 걸 느끼게 된 걸까? 어떠한 상황이 되든지 자신들의 생존은 보장되어 있다는 믿음이 있었다 해도 무서움이 있었을까? 그것은 생후 학습된 위험상황들에 의한 교육 때문에 생긴 것일까? 아니면 그저 동물적 본능일까? 사람들은 자기존재의 의미나 존속에 대한 처방전이 없음에 대한 불안이 만들어낸 두려움, 그 감정 자체를 두려워하는 것은 아닐까?'

선정은 자기 자신도 이 실체 없는 두려움 때문에 이렇게 자신과 싸우고 있는 것일지 모른다는 생각이 들었다.

새롭게 느껴지는 세상 모든 것의 개념들과 일체의 현상에 대한 해부놀이는 이렇게 시도 때도 없이 불쑥 다가와 그쳐지지 않았다. 당구를 처음 배워 재미가 붙기 시작한 사촌오빠가 했던 말이 떠올랐다.

"강의실에 앉아 있는데 내 앞에 앉아 있는 애들 머리통이 모두 당구공으로 보이는 거야. 어느새 나는 그 뒤통수들로 신나게 당구를 치고 있더라구. 히히, 웃기지?"

불현듯 이 놀이의 끝에서 얻어지는 결론이 궁금해졌다.

'결론이 있기는 한 건지.'

인문이라는 뷔페에 차려진 새로 접하는 동서양의 여러 가지 놀라운 음식들을 너무 이것저것 안 가리고 폭식을 한 기분이다.

선정은 어느새 자신에게서 사람들에 의해 만들어진 하나님은 과감히 잊을 수 있는 힘이 길러져 있음이 느껴졌다.

'그렇다면 새로 만난 참 하나님이 지시하는 삶의 바람직한 행동지침은 무엇이지?'

보다 가치 있는 삶, 의미 있는 삶을 지향하며 도덕적이고 이성적이며 합리적인 삶이 선한 삶이라는 것에는 의심의 여지가 없었다. 그렇다. '어떻게'가 남아 있었다. 지금까지 무서운 지옥의 두려움에 떠밀려 걸어온 걸음이었다면 이젠 새 술을 새 부대에 담는 주체적인 행위가 필요한 것이다.

'그래 나는 하나밖에 없는 귀한 존재야. 주체적인 삶을 사는 것만이 본질에 앞선 진정한 실존이라고. 그런데 그럼 진정한 본질이나 실존이라는 건 뭐지? 나의 실존에 의미를 부여하고 가치를 주었던 사르트르는 스스로 결정하여 선택하고 지어나가며 살아가는 것이라 하였던가. 그러면 그것이 어떤 결과를 낳는 선택이 되든지 내가 책임질 수만 있다면 그걸로 끝이라는 것인가?'

평범한 일요일, 늘 걷던 거리에서 예전과 다르게 느껴지는 낯선 감정에 관해 사르트르가 이야기하던 주인공에게 동감했던 '구토'의 장면을 다시 한 번 떠올려보았다.

'기성의 편견과 관습의 굴레에 대한 점검이 없이 허영과 헛된 욕망으로 자기를 포장하지 않으면 살아갈 수 없게 된 태연하지만 약간 우울한 사람들, 그들은 '내일'을 생각하지만 그것은 말하자면 또 하나의 오늘에 지나지 않는다. 도시들은 아침마다 똑같이 돌아오는 단 하루를 가지고 있을 뿐이다. 상상력을 통해 강철처럼 아름답고 견고한 한 편의 소설을 씀으로써 시공을 초월한 존재감을 확인하겠다고 결심하고 음악을 들을 때 구토가 사라져간다. 예술 창조의 자유가 부조리한 존재의 현실에서 삶의 구원이 될 수 있는 존재의 무의미를 극복하는 방법이다.'

'아름답고 견고한 예술의 창의적 활동이 존재의 무의미를 극복하는 방법이라고? 기존의 관념들을 해부하고 신났다고 받아들인 것이 또 하나의 다른 관념만 만들어낸 건 아닌지. 식탁이 더럽다고 열심히 닦아 놓고는 정작 더러워진 행주를 식탁 밑에 버린 거 같은 개운치 않은 이 기분은 뭐지? 아니면 아직 내 이해가 턱없이 부족한 탓인가.'

선정은 목마른 '어떻게'를 충족시키기엔 뭔가 석연찮다는 생각이 들어서 아직 결론에 이르지 못했다고 느껴졌다. 그동안 거창한 하나님만을 상상해왔던 습관의 질척임일지도 모른다는 생각도 들었다. 40여 일 동안 하나님과 함께 머물며 하나님이 직접 새겨 건네준 두 개의 돌덩어리를 들고 내려오는, 후광이 빛나는 모세의 무게감과 그 십계명처럼 일목요연하게 정리된 지시어에 익숙한 습관.

잠이 오질 않고 정신이 더욱 또랑또랑해지는 기분이 들어 누워 있을 수가 없었다. 슬그머니 일어나 조카들의 작은 뺨에 뽀뽀를 하고 거실로 나와 주섬주섬 옷을 입었다. 언니는 식탁에서 거품기를 들고 뭔가를 분주히 만들고 있었다.

"왜? 안 자구 그냥 가려구?"

"응, 내일 1교시부터 수업이라 아무래도 가서 자야 할 것 같아."

"그래? 그럼 내가 이거 얼른 만들고 데려다줄게. 형부는 출장에서 돌아와 힘들었는지 벌써 잠 들었거든. 조금만 기다려."

"응, 알았어. 아니 근데 언닌 이 밤에 뭘 또 만들어?"

"으응, 내일 유진이 견학가는데 도시락을 싸야 하거든. 근데 저녁에 장을 못 봤으니 그냥 유진이가 좋아하는 샐러드 빵을 싸서 보내려구."

"와, 아까 보니 유진이 쓰는 단어가 장난 아니더라. 위독하다는 말도 알구, 단순히 예쁘다가 아니라 어울린다는 표현도 하구 말이야. 아까 깜짝 놀랐다니까. 하루가 다르게 쑥쑥이야."

"이모를 닮았나부지."

"어휴, 나도 쑥쑥 자라고 싶건만 심히 더딘 걸. 오죽하면 애들 눈에도 내가 아직 덜 자라 보이나 봐. 아까 애들이 이모는 이다음에 커서 뭐가 되고 싶으냐는 거야."

"그랬어? 하하."

"아니 근데 이건 뭐야?"

"응, 버무릴 마요네즈가 필요한데 마침 그것도 똑 떨어졌지 뭐냐. 그래서 만들려구."

"엥? 마요네즈를? 만든다구? 와, 우리 언니 대단한데."

"호호, 졸지에 대단해졌네. 사실 그리 안 힘들어. 계란하고 식용유, 식초, 소금 조금만 있으면 되거든."

"아, 그래? 그래서 이렇게 계란을 휘저어 거품을 만들고 있는 거야? 신기한 걸."

언니의 손짓 하나하나를 집중해서 바라보고 있는 동안 점점 뽀얗고 부드러워 보이는 마요네즈의 모양이 만들어지고 있었다. 살짝 손가락을 찍어 맛을 보니 정말 고소하고 맛있었다.

"와, 정말 신비한 요리의 세계로군."

언니가 운전하는 차를 타고 다시 집으로 돌아왔다. 아까 언니네로 가는 길은 무척 멀게 느껴졌었는데 차들이 뜸해진 밤이라서인지 금방 집에 도착하였다. 기다리는 아이들 생각이

거리를 멀게 하였나보다. 오는 내내 차 안에서 언니가 병원에서 있었던 일을 늘어놓으며 혼자 걱정하다가 속상해하다가를 한 것 같은데 선정은 건성으로 대답을 하며 머릿속은 아직도 석연찮은 그 무엇에 대하여 생각하고 있었다.

아무도 없는 컴컴한 골목엔 라일락향기가 내년을 기약하며 혼자서 떠날 준비를 하고 있었다.

6. 나도 스스로 날아보고 싶다

"영화 4시 30분 시작이랬나?"

"응, 6교시 끝나고 바로 날아가면 될 거야."

"갈매기를 만나려면 갈매기처럼 날아가야 되는 거야? 하하."

"그럼 이참에 조나단 흉내도 내볼까? 보다 더 높이 더 멀리 태평양 건너 할리우드로 훨훨."

"오, 그거 좋다. 우리 언젠가 진짜 할리우드에 꼭 같이 가보자."

"진짜? 가짜두 있었냐?"

"깔깔깔깔." 둘의 웃음소리는 어느새 먼저 종로2가 허리우드로 날아가 있었다.

평일 오후에다가 개봉된 지 오래되어서였는지 극장 안은 썰렁하였다. 애국가가 울려 퍼지니 객석에 앉아 있던 검은 머리들이 하나둘 올라오는 모습은 넓고 황량한 밤바다의 백사장에 잠들어 있던 갈매기들이 먹이를 찾아 일어나는 상상을 하게 하였다. 그들은 스피커에서 나오는 국기에 대한 맹세에 맞추어 하나둘 화면 위로 날아들었다.

먹이 쟁탈을 위해 서로 물어뜯고 피 흘리는 갈매기 위로 날아오르는 조나단의 비행연습이 실패를 거듭할 땐 자신도 모르게 기도를 하며 예배드리는 마음이 되어 침 삼키는 소리도 아끼게 되었다. 오케스트라의 반주와 함께 장엄한 미사곡이 되어 울려 퍼지는 Neil Diamond의 'Be'는 어느새 스피커를 터트리며 심장과 함께 춤추고 있었다. 바다는 끝없이 펼쳐져 있었고, 하늘은 열려 있었다. 구름들 사이에서 눈부신 빛의 소리가 들렸다.

And the one god will make for your day.

신은 당신의 날을 마련해 줄 거야. 당신의 날. 당신이 진정 자유로워지는 날.

한마디 한마디를 심장에 받아들이고 엔딩 크레딧이 사라져 감을 아쉬워하며 비장해진 마음으로 계단을 내려왔다. 한동안 둘은 아무 말도 안 하고 걷기만 하다가 수경이 먼저 입을 열었다.

"깜깜할 줄 알았는데 해가 길어졌네."

"음, 해가 길어졌다는 표현 참 여유롭게 들린다. 별안간 '의 좋은 형제' 이야기가 생각나. 형님은 동생에게 동생은 형님에게 서로 볏단을 많이 주려고 밤새 나르다가 결국 같아진 볏단 이야기."

"요새 너 가끔 엉뚱한 말 하는 거 알아?"

"그랬나? 아니 왠지 시간이란 게 주는 느낌은 한 치의 오차 없는 칼 같은 느낌이잖아. 근데 해와 달이 계절에 따라 적당히 양보를 주고받으며 길어졌다 짧아졌다 한다니, 사이좋은 형제 같은 느낌이 들길래."

"하하하. 귀엽다 귀여워. 단어 하나 말 하나 그냥 넘어가는 게 없으니."

"어, 그렇긴 해. 요즘 내 몸의 모든 감각표피가 살아나고 있는 기분이야."

"감각표피? 무슨 신조어람."

"옷을 입었을 때 바람을 맞는 느낌과 옷을 벗고 피부와 바로 닿을 때의 차이 같은."

"예민해졌다는 이야기?"

"음, 그런 건가? 모든 사물, 언어들, 주변에 일어나고 있는 사건들의 옷 벗기기."

"일단 감기 걸리니까 옷 그만 벗기고 밥부터 먹자. 뭐 먹을까?"

"어, 그래. 저기 반줄 있지."

"반줄? 오늘 용돈 받은 날이야? 주머니가 두둑한가 보네."

"아니, 거기 말구 그 옆에 민속주점 말이야. 거기서 막걸리랑 파전, 계란찜 그런 거 먹자. 어때?"

"오, 그래 그거 좋겠다. 오늘 한번 달려 보자구."

"하하하. 신난다."

벌써 사람들로 가득한 주점은 조금 늦게 왔으면 앉을자리도 없을 뻔했다. 간신히 찾아 앉은 구석진 테이블과 벽에는 먼저 다녀간 이들의 빽빽한 낙서들이 그들을 맞이해 주었다.

김민기의 '친구'가 흐르고, 따라 부르는 몇몇 사람들과 시끌 벅적 떠드는 소리, 기름 냄새, 잔들이 부딪치는 소리, 웃음소리, 주방을 향해 도토리묵 한 접시를 외치는 주인장의 목소리. 이 모든 소리와 냄새들은 딱히 고향이랄 것도 없는 서울토박이인 두 친구에게도 정겨운 고향에 온 것 같은 느낌을 주었다. 뜨끈한 홍합탕이 들어가자 술도 마시기 전에 벌써 취기가 도는 듯 몸이 풀렸다.

"하아. 어디 보자. 여긴 뭘 이렇게 잔뜩 써놓은 거야. 이것만 읽다가 가도 심심치 않겠는 걸. '사랑은 눈물의 씨앗' 열 번은 더 넘게 써놨네. 히히 실연당한 남자가 여기서 술 마시다가 주 절주절 끄적여 놓은 거겠지?"

"왜 실연당한 사람이 남자라고 생각해? 여자일 수도 있지."

"여자들은 표현하고 싶어도 이렇게 대놓고 하질 못하는 형편이니 하는 말이다."

"취한 김에 하는 거지 뭐. 이거 봐. 집 주소에 전화번호도 있고. 웃기다. 근데… 엇?"

"왜?"

"쉬잇. 이거 봐봐."

검지를 입술에 갖다 대는 시늉을 하며 속삭이듯 작아진 목소리로 말하였다.

'부정에 반항할 줄 모르는 작가들이여, 너의 붓을 꺾어라. 너희들에게 더 바랄 것이 없노라. 양의 가죽을 쓴 이리떼 같은 교육자들이여, 토필을 던지고 관헌의 제복으로 갈아입거나 정당인의 탈을 쓰고 나서라. 너희들에게는 일제강점기의 노예근성이 뿌리 깊이 서리어 있느니라.' - 장준하

'눈은 내린다. 술을 마신다. 마른 가물치 위에 떨어진 눈물을 씹는다. 숨어 지나온 모든 길 두려워하던 내 몸짓 내 가슴의 모든 탄식을 씹는다. 혼자다. 마지막 가장자리 삔으로도 못 메꿀 여미 사이의 거리. 아아 벗들 나는 혼자다.' - 김지하

"이 사람들 반체제인사로 신문기사에 거의 주인공들 아냐? 주인아저씨 이거 못 보셨나? 아님 보고도 안 지우는 건가? 뭔가 다분히 고의적인 의도가 의심스러운 거 같아. 우리 여기 앉아 있다가 끌려가는 거 아냐? 좀 무섭다 얘."

"그러게. 다른 데 자리도 없는데, 그 냄비로 얼른 가리자

얼른."

"아, 잠깐. 여기 내가 좋아하는 천상병 시인의 '소풍'도
있네."

'나 하늘로 돌아가리라. 새벽빛 와 닿으면 스러지는 이슬 더
불어 손에 손을 잡고 나 하늘로 돌아가리라. 노을빛 함께 단둘
이서 기슭에서 놀다가 구름 손짓하면은 나 하늘로 돌아가리
라. 아름다운 이 세상 소풍 끝내는 날 가서 아름다웠다고 말하
리라.'

"에휴. 이 쭈그러진 주전자 좀 봐. 여기서 얻어 터지구 저기
서 얻어 터지구 쭈그러진 인생 같지 않냐? 낙서 하나 보구 벌
벌 떠는, 딱 지금 우리 꼴이네. 우리가 쓴 것 두 아니고 보기만
했는데두 이러고 있으니 참으로 딱하다 딱해. 쭈그러진 인생
에 술이라도 담아 취해야 위로가 되지 않겠냐는 음주의 필연
과 함께, 나의 사랑하는 벗이여, 이 모든 민초들의 탄식을 마셔
버리자꾸나. 자, 한잔 받으시게."

"어이구, 누가 들으면 인생 팔십 년은 살아온 사람 같네. 지
가 뭘 얼마나 얻어 터졌다구."

"아픔이란 다분히 주관적이라오. 곤장을 맞아도 든든한 엉
덩이와 바늘만 찔려도 펄펄 뛰는 손가락마냥 엉덩이가 어찌
손가락을 알고 손가락이 어찌 엉덩이를 알리요. 아, 외롭도다
나의 엉덩이여."

"시끄럽소, 어서 한잔 따르기나 하시오."

"근데 이거 보구 있으니까 시험 볼 때 낙서 가득한 우리 C관 강의실 책상 같지 않니? 감시자 있는 곳에서 몰래 해치우는 그 스릴과 쾌감 같은 거 기대하면서 하는 대학생들의 커닝놀이 말이야. 근데 나 그때 솔직히 네가 한 말 때문에 충격 먹었었던 거 알아?

"응? 무슨 말?"

"난 교육심리 재미있어서 공부를 좀 했거든. 그래서 사실 뭐 그리 베껴 놓을 건 없긴 했는데, 인물들 이름 같은 거 헷갈려서 정리해서 쓰고 있었거든. 그저 다른 친구들의 놀이에 동참하는 의미라 할까. 아무튼 근데 다 쓰고 뒤를 딱 돌아보니까 너는 아무것도 안 하구 가만히 아이들 쳐다보고 있더니 '근데 좀 치사하지 않냐' 그러는 거야. 잠시 망치로 한 대 얻어맞은 듯해서 아무 말 못하고 돌아앉은 거. 생각나?"

"으흥, 그래 생각나. 내가 잘난 척 좀 했지?"

"아무튼, 여러 가지 생각을 하게 해준 자네의 한 방이었다네."

"아니 교사가 되겠다고 교육과목 이수하면서 시험 보는 학생들이 대놓고 커닝을 하고 있는 게 한심하다는 생각이 들더라구."

"나는 이건 치사하다, 잘못된 거다, 뭐 그런 생각을 미처 하지도 못했지만, 만약 그렇게 생각을 했어도 말하지 못했을 것 같거든. 머리는 맨날 실존이니 주체적 행동이니 이런 생각을 하고 있다 하면서두 겁이 많아서 생각과 행동이 따로 국밥인데. 그런 게 바로 용기가 필요한 주체적인 생각이고 행동이겠지?"

"조나단이 원로들의 재판으로 추방당하는 게 바로 그런 순서지 뭐. 그 갈매기들의 무리에서도 조나단이 추방당할 만큼 잘못한 게 아니라고 생각하는 사람들이 있었을 텐데 감히 말을 못하는 거지. 마녀사냥이 그랬을 테고, 예수가 십자가에 못 박힐 때도 그랬을 것 같아."

"그러니까 가만 생각해 보면 어떤 행동이 잘난 척으로 평가되어서 소외된 사람이 될지, 용기 있는 행동으로 평가되어서 영웅이 될지는 그가 속한 집단에 의해 만들어지는 것도 많은 거 같아. 별 생각 없이 한 행동들도 박수치는 무리가 많아지면 정당화되고, 정당화에 가속도가 붙어서 덩어리가 커지면 그 자체가 진리의 실체가 되어 단단해지고, 그러다 보면 힘을 갖게 되고, 나같이 용기 없는 사람들은 아무 말도 못하고 더 큰 힘 쪽에 한 표 더하게 되고 이렇게 되는 거지."

"어찌 보면 참 무서운 거야."

"그래 얼마나 황당하겠어. 동족이라 생각했던 갈매기의 하늘에서는 자기들과 같은 방법으로 날지 않는다는 이유로 추방

당해야 하고, 매의 하늘에서는 침입자가 되어 물어 뜯겨야 하고 말이지. 매가 '여긴 내 하늘이야. 당장 꺼져' 하는데 정말 코미디다 싶더라. 휴. 매직으로 그을 수도 삼팔선마냥 철조망을 칠 수도 없으니 하늘의 경계를 무엇으로 그어야 하려나."

"아무나 이상세계를 꿈꿔선 피 본다는 메시지를 안주 한 점으로. 자, 건배. 호호."

"그러고 보니 네가 추방 안 당한 건 바로 내 덕이네. 그때 바로 일어나서 쟤는 우리와 같은 커닝 놀이를 안 하는 잘난 척하는 이방인이라고 큰소리로 공표를 해야 하는데. 그럼 확실하게 보내버릴 수 있었는데 말이지, 히히."

"그래, 고맙다 고마워, 이놈의 친구야."

"조나단 녀석도 참 지독한 놈이지. 추방당하면서까지 기를 쓰고 더 높이 더 멀리 계속 완벽함을 추구하여 꿈꾸는 이상세계에 다다르는 것이 삶의 목적이 되어야만 했으니. 에구, 힘들다."

"현재에 만족할 수 없어서였겠지. 우리가 새벽반 뛰어가며 공부하고 여기까지 온 것도 그런 거지 뭐."

"그래, 그 갈매기들과 같은 우리 사람들의 삶 말인데, 공부를 하구, 돈을 벌구, 결혼을 하구, 아이를 낳구 키우구, 그러면서 경쟁하구, 피 터지게 싸우구, 이런 모든 게 말이야 뭘 위해서 살아가는 건지, 왜 살아야 하는 건지, 잘 살려면 어떻게 살아야 하는 건지, 진짜 잘 산다는 건 뭔지. 답답할 때가 많아. 지금까진 뭐 어른들이 시키는 대로 잘 살아왔다만 그렇게 시키는 어른들도 별루 행복해 보이지 않으면서 그렇게 살라고 하니 정말 그렇게 해야 하는 건지. 그렇다고 딱히 안 할 수 있는 이유나 용기도 없고, 넌 안 그러니? 난 이 문제가 풀리지 않으면 정말 재미없게 살게 될 거 같은 느낌이 들어. 나 되게 회의적인 허무주의자인 거 같아. 허허허허무. 히히히.”

한지로 발라진 둥그런 조명등의 은은한 불빛은 막걸리에 발효를 더해 흡수를 부축이고 있었다.

“식도가 미끄럼틀이 되었구랴. 막걸리가 어찌 이리 술술 잘도 흘러가는지.”

“얼씨구.”

“아, 알겠다. 술이 왜 술이라 불리게 됐는지. 술술 잘 넘어가니까 술이 된 거지. 하하하.”

“애야 천천히 마시거라. 난 너를 책임질 수 있는 사람이 아니란다.”

“그럼, 그럼. 난 조나단처럼 날아갈 거니까 걱정 마시게.”

“그러구 보니 『어린왕자』의 작가 생텍쥐페리나 『갈매기의 꿈』의 리처드 바크나 모두 비행사였대. 생텍쥐페리는 제2차 세계대전 때 비행하다가 추락해서 생사도 알 수 없게 됐다네.”

“사람들이 사는 이 세계에서 멀리 떨어져서 내려다보면 이런 글이 나올 수밖에 없을 거 같아."

"그래 맞아. 산꼭대기에서 내려다보기만 해도 모두 장난감으로 보이는데 하늘에선 더 그렇겠지."

"책으로 봤던 걸 영화로 보면 상상을 화면에 가두어서 늘 실망하게 되는데 이 영화는 넓게 펼쳐진 하늘과 시원한 바다 영상만으로도 속이 뻥 뚫리는 기분이 들더라."

"장엄한 느낌의 오케스트라와 닐 다이아몬드의 힘주지 않으면서 힘 있는 콧소리 가미한 섹시한 목소리도 끝내주지."

"와아. Be가 좍악 흐르는데 뭔가 비장해지는 느낌, 그런 거 있지 않았니? 보는 내내 내가 예수가 되어서 날고 또 날다가 추방당하고 나서는 먼저 진흙 속에서 연꽃을 피운 부처도 만나고 하나님도 만나고 말이지. 두 시간 내내 아주 경건하게 예배 보는 마음의 에너지로 충만하였다고 할까. 요즘 내 머릿속은 딱 조나단같이 다른 생각이 들어올 자리 없이 주체적인 Be로 가득하거든."

"주체적인 Be?"

"응, 그냥 남과 같은 평범한 갈매기로 존재하는 거 말고 주체적으로 존재하는 거. 내가 요새 사르트르 선배님과 대화를 하며 실존에 대하여 좀 여쭈어봤는데 실존은 주체성이라고 하는 부분에 끄덕여지더라구. 바로 오늘의 조나단같이. 근데 정작 그 주체가 되는 나에 대해 가닥을 잡아 보려 하니 아리송한

96

거야. 나에 대해서 깊이 생각을 하면 할수록 진짜 내가 누군지 헷갈리는 거 있지. 내 몸속에 내가 하나가 아닌 거 같으면서 또 진짜 나는 하나도 없는 거 같기도 하구 말이야. 너는 그런 적 없드냐?"

"글쎄에. 나는 내가 이뻐서 하나만 있어도 되는데~"

"아, 예예, 공주님."

"그거 네가 너무 욕심이 많거나 너에 대해 만족하지 못하거나 한 거 아냐?"

"그런가? 그런 것도 같군."

"너무 빨리 인정하믄 재미없는데."

"그럼 넌 네가 정말 다 만족스럽니?"

"어떻게 그럴 수가 있겠어, 최대한 만족하고자 하는 거지."

"그렇구나. 난 정말 욕심이 많은 거 맞네. 히히."

"친구여, 너무 실망하지 말게나. 우리는 지금까지 여러모로 그리 주체적으로 살 형편이 안 됐었지 않았나."

"그렇지. 집, 학교, 공부, 입시. 이런 울타리에다가 어른들이랑 사회가 요구하는 각각의 윤리니 도덕적 가치까지 추가 주문된 삶을 살았으니."

"어른들은 더하겠지 뭐. 책임져야 할 가족까지 있으니 싫든 좋든 물어뜯고 피 흘려야 할 수밖에."

"인간들이 버린 쓰레기는 한정돼 있고, 거기서 남들보다 더 많이 먹을 걸 찾으려니 서로 정신없이 싸우는 거에만 몰두하는 갈매기들이 되어가고, 그러다 보니 조나단이 등장하게 되고."

"그럼 조나단의 비상을 있게 한 건 다른 갈매기의 피 흘림이 되나? 아무튼 지금은 그저 이 파전이 매우 맛있구나, 맛있어. 이거 식기 전에 좀 더 먹어. 진정한 실존은 배가 든든해야 서 있을 수 있는 거 아니겠어? 너 그렇게 안주 건너뛰다가 한 번에 간다."

"그래 알았어. 나 갈까 봐 되게 겁나나 부다, 히히. 취해도 절대 의존적·수동적이지 않도록 주체적으로 취할 테니까 걱정 말도록."

"아이고오. 그놈의 주체적인 삶이여."

"그러게. 바로 그놈이 나를 취하게 한다니까. 내가 삶의 주인이 되어서 살아야 함은 이제 확실히 입력이 되었는데 그 '내'가 문제라니까."

"그놈 잡으면 나한테도 소개시켜줘."

"생각해보도록 하지."

선정은 아까부터 화장실에 가고 싶은 변의를 억지로 꾹꾹 참고 의자에서 몸을 비틀고 있었다. 대화의 흐름을 깨고 자신의 정신적 활동을 방해하는 이 물질적인 육체의 요구가 정말 귀찮고 싫었다.

"하하하하."

몸의 비틀림이 한계에 다다른 선정은 그 요구를 따르는 게 아니라 요구를 들어주는 것이라는 듯 공연히 큰소리를 내어 웃으며 벌떡 일어나 화장실로 달려갔다.

물 내려가는 소리는 배설의 시원함만큼 컸다.
소용돌이치며 내려가는 물의 흐름이 잔잔해지자 물 위에 누군가 웃고 있었다.

'아! 하나님.'
자신도 모르게 외마디 소리를 외쳤다.

'네가 생각하고 네가 결정하고 네가 선택하고 네가 행동하고 네가 책임진다고? 그것이 너의 실존이라고? 네가 생각하는 그 형이상학적인 관념놀이는 형이하학적인 네 육체의 요구를 어찌하여 외면할 수 없었을까.'

남과 바꿀 수 없는 단독자이며 자유로운 선택에 의한 행동이 가능한 주체성이라 이해되었던 실존도 막걸리를 마신 듯 핑그르르 돌았다. 동시에 순식간에 자신의 몸 안에서 벌어지고 있는 일들이 필름화되어 빠르게 상영되었다. 오르락내리락 1초의 쉼도 허락하지 않고 나오고 들어가는 선홍색의 동맥피와 검붉은 정맥피의 순환, 고목의 나무뿌리처럼 수없이 퍼져 나간 모세혈관의 흔들림, 눈꺼풀의 뜨고 감김, 공기들의 들락거림, 수없이 많은 세포들의 나고 죽음, 자신의 의지와 상관없이 뛰고 운동하는 오장육부들의 셀 수도 없는 작용들…….

이 짧은 순간의 단상들이 이 익숙하지 않은 허름한 주막의 화장실에서 떠오르고 있다는 것조차 당황스러웠다. 중국집 스티커가 찢겨져 붙어 있는 화장실 거울에 입김을 분 후 손가락으로 니체가 하는 말을 받아 써 내려갔다.

'나는 전적으로 몸이며 그밖에 아무것도 아니야. 영혼이란 몸에 대한 어떤 것을 일컫는 말에 불과해.'

글자 너머에는 어느새 벌겋게 달아오른 선정의 얼굴이 어이없는 표정으로 웃고 있었다.

화장실 계단을 내려오는데 아무리 똑바로 걸으려 해도 살짝 비틀려지는 걸음 때문에 다시 제자리에 돌아와 앉기까지 한 시간쯤 지난 긴 시간처럼 느껴졌다. 기다리며 바라보고 있던 수경과 서로를 쳐다보며 깔깔대고 웃었다.

"하하하. 요까짓 몇 잔의 액체가 내 몸을 마음대로 좌지우지할 수 있단 말이지? 내 원 참, 이놈의 몸뚱이 참 싱거운 놈이었네 그려."

"싱거운 놈 간 좀 맞춰봐."

"아니, 내가 지금 화장실에서 선배님을 만나구 왔거든."

"뭐라구? 누구?"

"내 사고 이전의 정신과 육체."

"너 아까 급하게 마시더니 상태가 좀 거시기하다. 목소리도 커지구. 점점 사차원으로 가고 있어. 나 화장실 갔다 와서 나가자."

"그대가 원하시면 그럽시다. 다녀오시지요."

"화장실 깨끗하니?"

"그냥 뭐 그럭저럭. 내가 주고 온 게 더 더럽지 않을까?"

"냄새는?"

"쉿! 잠깐. 배설물들이 말할 게 있대. '조금 전까진 자기 몸이라며 행여 다칠세라 벌벌 떨고 아끼더니 그새 뒤돌아선 뭐? 냄새나고 더럽다고? 간사하다 인간이여'라네. 그러구 보니 지금까지 똥, 오줌, 피, 물 이런 것들을 잔뜩 껴안구 나라며 말하구 있었던 거 같은데? 결국 수많은 세균과 미생물, 얘들 사는 집 지키느라고 노심초사 살았나 봐."

"으이구, 이 간사한 인간아, 내 다녀오리다."

'우리는 왜 그렇게 정신은 고상하고 고귀한 파트고, 몸은 하찮은 파트라고 여기게 된 걸까. 정신도 결국 몸의 일부분인 뇌의 작용인데 이성이니 감정이니 육체니 정신이니로 분류하여 나누고, 또 정신은 이드니 자아니 초자아니 뭐 이렇게 갈기갈 기 분리시켜 놓고 온전한 존재인 양 착각하면서 복잡하게 살 고 있었네.'

선정은 자기도 모르는 사이에 자신이 이분법적인 사고에 너 무 많이 길들여져 있어서 모든 것의 본질적인 가치조차도 그 러한 방법으로 크고 작음을 매기고 있었음에, 되도록 빨리 이 사고 이전으로 돌아가야 함을 절실히 느꼈다.

의자 귀퉁이에서 기다리던 가방이 지루한 하품을 하며 선정 의 어깨에 메어졌다. 가방도 어깨도 무거움이 느껴졌다. 마시 고 취하고 가방을 메는 행위들을 하고 있는 육체에게 새삼 미 안함과 고마운 마음이 들어 옷깃을 여미는 척하며 스스로를 꼭 껴안아 주었다.

밖은 들어갈 때보다 썰렁하였다.

"와아, 바람. 이 바람 너무 시원하다."

크게 숨을 쉬며 눈을 감고 바람을 맞던 선정은 뭔가 떠오른 듯 눈을 뜨며 말하였다.

"근데 말이야, 조나단이 아무리 높게 멀리 날고자 의지를 굳 게 세웠다 해도 바람이 없었다면 가능할 수 없었겠지? 바람이 한줄기도 불지 않거나 매일매일 폭우가 쏟아지는 날씨였다면 하늘만 쳐다보다 꿈을 접는 우울한 갈매기가 될 수밖에 없었을 거 아냐? 사실 지금 나도 바람이 들락날락해주니 살아서 술도 마시고 떠들 수 있는 거겠지?"

"그래 맞네, 작은 새들이 멀리 날지 못하는 건 오로지 자신의 날갯짓에만 의존하기 때문이라고 들었어. 온전히 독립적인 주체를 꿈꾸는 건 있을 수 없다는 이야기도 되겠는 걸."

"독립과 의존의 경계를 초월하였으나 결국은 조건적일 수밖에 없는 주체? 아, 답답하여라. 진정 시원하구 싶구나. 그대 바람씨여, 나에게도 날을 수 있는 당신을 허락해 주시지 않겠소? 당신은 언제부터 시작되어 어디서 오셨나요. 당신의 이름은 무엇인가요? 그러구 보니 당신은 종류도 많고 붙어 있는 이름도 참 많군요. 산들바람, 마파람, 소슬바람, 골바람, 산바람, 바닷바람, 봄바람, 여름바람…… 하하, 사람들은 뭘 분류시켜 놓구 이름 짓는 놀이를 되게 좋아하는 거 같다. 그치?"

"재밌네. 근데 이 바람 정말 시원하다."

"아, 아깝다."

"뭐가? 뭐가 또 아까워?"

"달큼하니 기분이 좋았는데 다 깨버릴 것 같아서. 아, 술 깨는 바람도 있었네."

"하하하. 맞아. 근데 너 지금 얼굴이 버얼게서 그대로 들어가면

너네 엄마한테 혼날 거 같으니 술 깨는 바람한테 고맙다고 해.”

“아, 그래 땡큐! 술깨바람.”

“술깨바람? 하하, 멋진데.”

“우리 엄마한테도 이런 기분 느끼게 해주고 싶은데. 우리 엄마 취하는 거는 상상조차도 할 수 없으니 쯧쯧. 불쌍한 우리 엄마. 막걸리, 맥주, 소주, 양주, 포도주, 동동주, 주의 종류가 이리도 많건만 교회주님에만 취해 계시니 말이지.”

“교회주님?”

“응. 예수의 말씀을 효모로 자연 발효한 주라면 좋으련만. 향기와 빛깔을 자기들 입맛대로 혼합해 만들고 예수의 라벨만 붙인 합성 화학주가 너무 많아서 탈이지.”

“아하! 나도 교회주의 합성미달에 동감 한 표!”

“나 있잖아, 가끔 그런 생각이 들었어. 이 세상 모든 사람이 딱 요 정도로만 늘 취해 있는 거야. 취하면 뭔가 좀 너그러워지는 기분이 들지 않니? 그럼 세상이 아주우 살기 좋게 될 거라는 말이지. 내게 잘못한 사람도 뭐 그냥 ‘괜찮아 괜찮아’ 하며 어렵지 않게 용서해줄 거 같구, 욕심도 덜해져서 그냥 ‘너 많이 가져’ 그럴 거 같구, 나랑 다른 생각을 말해도 ‘오케이 패스’ 할 수 있을 거 같구, 그럼 자연히 싸움도 적어질 거 아냐. 그렇지?”

“하하하. 상상만 해도 웃기는군.”

"매일 아침 비타민처럼 술 마시기를 법으로 제정하는 거야. 각각 자기 주량의 십 분의 일 정도로만. 어때 괜찮은 생각이지?"

"그럼 운전사 아저씨도 마시구, 경찰 아저씨도 마시구, 거리가 아주 가관이겠군. 학교 가면 선생님도 마시구, 학생도 마시구, 병원 가면 환자도 의사도 간호사도 크흐."

"잠깐잠깐 병원이라니까 또 하나 생각났어. 에, 우리나라의 모든 산부인과에서 아기들이 태어나자마자 간호사들이 아기들을 다 바꾸어 놓는 거야. 그럼 옆집 애가 우리 앨까? 뒷집 애가 우리 앨까? 하다가 아이구 다 잘해줘야 되겠네 하면서 서로 경쟁을 부추기지도 않겠지?"

"오호. 우리 선정이 다음 국회의원선거 후보자 되는 거야? 공약이 매우 창의적이네. 아니면 범죄자 학교에 들어가 있으려나?"

"아, 아쉽다. 국회의원이란 직업이 내 취향이 아닌 것이."

"저러언, 어쩌나. 우리 친구 헛소리가 심하니 술 깨구 가라구 여기 파라솔도 놓여 있네. 네 취향도 바꿔 볼 겸 우리 일단 여기 좀 앉았다가 가자."

"아니지이. 술 깨구 다시 들어와서 또 마시라구 만들어 놓은 거지."

"그건 미처 몰랐네. 하하하."

시원한 바람을 허파로 들여보내며 크게 웃고 있을 때였다. 어디서 나타났는지 아이를 업은 아주머니가 아무런 말없이 둘의 무릎에 껌을 내려놓더니 손을 내밀었다. 연탄을 만진 듯한 시커먼 손의 잔주름에 깜짝 놀랐다. 매달려 있다시피 한 눈물 자국 꼬질꼬질한 어린아이와 한 달 넘게 안 감았을 것 같은 흐트러진 머리에 가려진 얼굴은 가로등 불빛 아래서도 밝아지지 않는 어두운 얼굴이었다. 둘은 자동적으로 가방을 뒤적이며 지갑을 꺼냈다. 맡아 놓았던 껌을 주듯이 당연한 거래를 마친 아주머니가 허리를 있는 대로 숙여 인사를 하고 사라진 골목이 던진 돌에 마음이 아파왔다.

"아, 싫다. 동정심이란 거, 나의 어쩔 수 없는 무능함을 코앞에 들이대는 거 같아."

"그냥 껌이나 씹자 껌. 어쩔 수 없는 거까지 끌어안고 절절매지 말구. 우리가 어쩔 수 있어지면 다행이구."

언제부터 들고 다녔던 껌인지 은박껍질이 달라붙어 있는 걸 겨우 까서 입에 넣으며 잠시 아팠던 마음에 연고를 바르듯 중얼거렸다.

"그런데 어쩌면 우리가 동정심을 갖는다는 게 터무니없이 무례한 감정일 수도 있다는 생각도 들어. 지난번 감상시간에 작가와 작품에 대해서 공부할 때 말이야. 교수님이 작가가 표현하고 싶었던 메시지를 찾아내는데 처음엔 신기하고 그럴듯하게 들리기도 하더라구. 근데 자꾸 듣다 보니까 정말 작가가 그런 감정이었을까? 라는 생각이 드는 거야. 대부분 위대한 예술가들이 생전에는 사람들에게 인정받지 못하고 외롭고 불행하게 살다가 비참하게 죽어갔다고 하잖아. 근데 오히려 그들은 자신들이 보는 세계를 보지 못하는 그저 평범한 우리들이 더 불행하고 안 됐다고 생각했을지도 모른다는 생각이 들더라구. 그들은 그들 스스로 무리로부터 떨어져 나온 선택적 고독이기에 어쩌면 사람들의 이해 같은 거 굳이 필요하지도 않을뿐더러, 우리가 모르는 희열을 느끼며 작품에 몰두했을지 모르잖아. 조나단처럼 말이지."

말을 마친 선정은 별안간 자리에서 벌떡 일어나더니 머리가 땅에 닿도록 허리를 접었다.

"왜? 왜 그래? 토할 거 같아? 여기서 토하면 안 돼."

"아니이. 이렇게 고개를 땅에 대고 가랑이 사이로 세상을 보면 또 다른 세상이 있어. 재미있어서 가끔 해. 너도 한번 해봐."

"어이구, 깜짝 놀랐잖아."

"언젠가 이 가랑이 사이로 본 풍경도 한번 그려 볼 거야."

골목 끝 풍경으로부터 하고 싶은 이야기를 가득 담은 하모니카 소리가 천천히 굴러오고 있었다. 테이프를 잔뜩 실은 리어카에 걸터앉은 Bob Dylan이 기타를 치며 읊조리듯 노래를 부르는데, 아프게 들렸다.

How many ears must one man have Before he can hear
people cry?
The answer, my friend, is blown' in the wind
한 사람이 얼마나 많은 귀를 가져야 다른 사람의 울음소리
를 들을 수 있을까?
친구여, 그 답은 불어오는 바람에 실려 있다네.

소리 없는 바람의 시원함이 슬슬 차갑게 느껴질 때 둘은 일
어나서 버스정류장으로 향하였다. 부산했던 길거리는 한산해
져 있었고, 길거리의 붕어빵들은 사랑하는 가족이 기다리는
아저씨들의 옆구리를 따뜻하게 덥혀 주고 있었다.

7. 멀리서 들려오는 낯선 목소리

주문해 놓은 배접지와 비단종이가 마련되었노라고 지업사에서 연락이 왔다. 좁은 골목도 눈에 익어 있는 인사동은 오랜 친구처럼 보도블록 하나도 정겹고 다정하였다. 현대미술작가전을 하고 있는 선 화랑으로 들어서자 농익은 난의 향이 익숙한 피아노 소리와 함께 천천히 선정의 몸에 있는 모든 근육을 이완시켜 편안하게 해주었다. 얇은 종이로 만들어진 건반 위에 살며시 내려앉은 나비의 몸짓 같은 선율에 빠져 레코드판이 닳도록 들었던 베토벤의 「피아노 협주곡 5번 2악장」이었다. 그림과 음악과 난향, 이 환상의 하모니는 벽에 걸려 있는 그림들을 더욱 아름답게 해주는 배경이 되어 천장과 바닥까지 화랑 자체가 또 하나의 작품이 되어 있었다. 화면을 뚫어지게 응시하며 이것저것 팸플릿에 촘촘히 적어 넣고 있다 보니 작곡을 전공한 윤순과 했던 이야기가 떠올랐다.

"나는 일단 그림을 보면 쓰인 재료가 뭔지, 어떤 기법을 사용했는지, 왜 이 색 옆에 저 색을 썼는지, 구성의 분배가 왜 이렇게 나누어진 건지, 이런 걸 분석하구 알아내는 거에 집중하다 보니 정작 작품이 주는 감동을 느끼기엔 매우 서투르고 인색해진 느낌이 들어. 근데 음악을 들으면서는 막 가슴이 뜨거워지는 감동의 눈물이 날 때가 있기도 하고, 기분이 좋아지기도 하고, 슬퍼지기도 하고 그러거든."

"어머머, 너는 미술이 그러니? 나는 음악이 그렇거든. 음악을 듣다 보면 내가 악기와 악보를 인수분해하고 있는 기분이 들 때가 있다니까. 이런 게 전공하는 학생들의 비애 아닌 비앤가 보구나."

"공부를 한답시고 대상을 가시 바르듯 분해를 하고 있으니 부분은 자세히 알지언정 온전히 통째로 보지를 못하는 거지. 적당히 물러서서 전체가 주는 느낌을 봐야 감동이 올 텐데 말이지."

"그러게나 말이다. 후유! 언젠가 우리들의 시력, 청력이 확 트여서 그냥 아무 걸림 없이 전체가 들어올 수 있으면 좋겠다."

화강암으로 만들어졌음에도 안기면 포근할 것 같은 온화한 얼굴의 성모마리아 조각상은 도로 쪽 창문을 바라보면서 오가는 사람들에게 평안을 기도해 주는 것 같았다.

화랑을 나와서 견지동 쪽으로 걸어 내려왔다. 조계사에서 무슨 행사가 있는지 신도들이 마당에 가득하고 스님들이 바쁘게 오가는 모습이 보였다. 행복한 삶을 위한 특별법회를 한다는 안내문이 눈에 들어왔다. 선정은 자기도 모르게 발길을 멈추고 절 안으로 들어갔다. 연세가 지긋해 보이는 스님이 대웅전 앞에서 법문을 하고 계셨다. 낯선 용어들 때문에 주의가 집중되지 않았으나 고집멸도 사성제와 팔정도라는 단어는 반복해서 들으니 무척 중요한 말이라는 건 눈치 챌 수 있었다. 오랜 시간 동안 우리나라와 함께한 사상인데 너무 모르고 있었다는 생각이 들었다.

태어나자마자 천상천하 유아독존이라며 하늘 위, 아래 홀로 존귀하다고 존재의 중함을 이야기한 자가 무아라 하였다는 말은 어떻게 해석되어야 하는 건지, 주체적인 자아는 둘째 치고 최소한 이렇게 보이고 만져지고 생각하고 말하고 느껴지는 내가 엄연히 존재해 있는데 도대체 어떤 황당한 근거로 내가 없다 라고 말할 수 있었던 건지, 그가 말하는 무아란 어떤 것이며 그것이 어찌하여 큰 깨달음이 되는 건지, 최상의 부귀영화를 누릴 수 있는 왕자로 태어났음에도 어떠한 연유로 출가를 하여 스스로 고행의 길을 택하게 된 것일까. 또 그 길 위에서 육 년 동안 자신의 육체에 가했던 온갖 고행의 수행으로는 결코 깨달음을 얻을 수 없다는 결론에 이르게 된 것이며, 보리수

아래에서 자신만의 깊은 수행을 통하여 깨달은 무아의 자유로 외적 지배에서 해방되었다는 싯다르타의 통찰은 과연 어떠한 것일까. 그동안 생각조차 없었던 여러 가지 의문이 한꺼번에 궁금증으로 쏟아졌다.

법회가 끝난 후, 사찰 옆에 여러 가지 불교용품과 서적을 판매하는 가게가 있어 들어갔다. 원색적인 무속용품이며 누런 종이에 붉은 글씨로 쓰여 있는 부적들, 번쩍이는 불상들이 왠지 유치해 보이기도 하고 섬뜩한 기분도 들어 마치 자신이 들여다보지 말아야 할 곳을 들여다본 것 같은 기분도 들었다. 궁금하긴 하여 들여다보았지만 그렇게 쉽게 친해질 수 있을 것 같지는 않겠다는 생각이 들었다.

안내하던 아주머니가 추천해준 『반야심경』과 『금강경』 해설집을 들고 집으로 돌아온 선정은 그날부터 불교학 개론을 시작으로 차근차근 싯다르타를 만나기 위한 채비를 하였다. 그러나 채비가 깊어질수록 '끝까지 갈 수 있을까'라는 생각이 들었다. 2천 년의 역사 속에서 구교와 신교로 나뉘고, 장로교·감리교·침례교 등 여러 교파들이 생겨난 기독교의 역사보다 더 긴 역사를 가진 불교에는 선교·밀교·현교·아비달마불교, 소승이니 대승이니 종류도 많고 퍼져나간 경로도 복잡하며 너무나도 방대한 많은 경전과 글들이 있었다. 『노자도덕경』이나 성경처럼 핵심적인 한 권만 잘 정독하거나, 『장자』처럼 재미있는 이야기들로 쓰여 있어 지루하지 않게 읽어 나갈 수만 있다면 만날 수 있지 않을까 하며 시작한 채비였다. 자신이 불교로부터 흔히 들어왔던 유명한 에피소드들, '달마가 동쪽으로 온 까닭이 무엇이냐'는 질문에 조주선사의 '뜰 앞의 잣나무'라 한 황당한 대답이나, 바람이 불어 깃발이 날리니 '바람이 움직이는가, 깃발이 움직이는가'라고 한 육조 혜능선사의 말씀, '부처를 만나면 부처도 죽이고 조사를 만나면 조사도 죽여라'라든가, '처처의 인연을 따르니 걸림도 없고 장애도 없다'느니, '그대의 본래면목은 무엇인가'의 물음, '우리 중생들 누구나가 모두 부처이며 부처란 마른 똥막대기다. 모든 것이 있는 그대로 진리여서 산은 산이고 물은 물이다'라는, 뭔가 심오한 뜻이 있고 멋있어 보이기도 한 여러 선사들의 선문답들이나 엿보면서 어찌어찌 쉽게 싯다르타의 여정을 훔쳐보려 했던 자신의 가벼움이 부끄러움을 넘어 웃음밖에 안 나왔다. 선정은 무척 낯설고 익숙하지 않은, 이해할 수 없는 장면들과 자주 마주치게 되었다.

관자재보살 행심반야바라밀다시 조견오온개공 도일체고액 사리자 색불이공 공불이색 색즉시공 공즉시색 수상행식 역부여시 ……

한자로 쓰여 있어 쉽게 알 수 있는 말은 아니라 하여도 이토록 모르는 글자로만 쓰여 있기도 힘들겠다는 생각이 들었다. 다른 글은 그래도 중간 중간 몇 개의 아는 글자들을 이어 연결하면 대강의 뜻이라도 알 수 있지만, 이것은 사람이 읽으라고 써 놓은 글 같지가 않았다.

라틴어로 쓰여 있어서 사제들만 읽을 수 있었던 성경으로 인해 평신도의 무지를 이용한 면죄부가 만들어지고 루터의 종교개혁으로 이어진 기독교 역사가 있었듯이, 이 역시 감히 평범한 사람은 읽으려고 하지도 말라는 듯 읽는 내내 꿀밤으로 콩콩 쥐어 박히는 기분이 들었다.

관자재보살이 깊은 바라밀다를 행할 때 오온이 공한 진리를 비추어보아 모든 괴로움을 건넜다. 사리자여, 물질이 공과 다르지 않고 공이 물질과 다르지 않으니 물질이 즉 공이고 공이 즉 물질이다. 감각, 지각, 경험, 인식 또한 그러하다.

'물질이 공이고 공이 물질이라니, 어찌 이다지도 불친절한 해설이 있을 수가 있나.'

관자재보살이나 사리자가 어떤 인물인지, 바라밀다를 행한다는 건 뭐고 오온은 또 무엇을 말하는 건지 단어가 지시하는 것이 무엇인지를 모르니 해설이라고 풀이해 놓은 글을 읽어도 아무런 이해를 할 수 없었다. 선정은 히말라야 등반길에 슬리

퍼를 신고 올라가 보겠다고 온 우스꽝스러운 바보 같았다. 그러나 히말라야의 산골에 피어 있는 꽃향기는 선정을 점점 산속으로 산속으로 불러들여 돌아갈 수 없게 하였다.

어떤 글의 설명보다도 북송시대 곽암 스님이 지은 선종에서 전해 내려온 매혹적인 열 장의 그림 「십우도」가 돌아갈 수 없는 결정적인 이유를 찾아주었다. 인간의 본성, 진면목, 참 나를 찾아 깨달음의 세계에 이르는 과정을 소와 동자에 비유하여 그린 그림이었다.

동자가 고삐를 쥐고 어지럽던 수풀 속에서 소를 찾기 시작하는 첫 번째 그림으로 시작한다. 소의 발자국을 발견하고 따라가 소의 꼬리를 발견한 후 소에 코뚜레를 꿰어서 길들이자 소는 점점 흰 소로 변화되고, 흰 소에 올라탄 동자승이 피리를 불고 집으로 돌아와서 더 이상 아무런 장애를 느끼지 않는 자유로운 삶을 살게 된다. 차츰 그림에서 소가 없어지고 동자승만 남아 있더니 동자승도 없어진 공의 상태의 텅 빈 원 그림이 나온다. 모든 만물이 공하니 그 자체로 존재하여 아름다운 산수 풍경만 그려져 있고, 동자승은 다시금 중생제도를 위하여 속세로 나아가는 것이 마지막 열 번째의 그림이다.

동자는 처음 수행을 하고자 발심한 수행자이다. 자신의 불성을 찾아 헤매다가 근원을 보기 시작하고, 자기 안의 실체와 본질을 꿰뚫어 탐·진·치의 때를 지우고 마음을 닦아 본래의 자기를 찾고 불성으로 채워나가며, 불성으로 가득 차게 되면 찾고자 했던 마음조차 집착임을 깨달아 애쓰고 찾던 소도 잊어버리고 자기 자신도 잊어버리는, 모든 것이 텅 빈 공한 자체를 만나게 된다. 너와 나의 경계가 없고 모두가 하나이며 만물은 있는 그대로 실상만 있을 뿐이라는 궁극의 경지인 견성을 이루게 되고 그것이 부처의 경지인 것이며, 깨달음을 얻은 부처는 다시금 사람들이 많은 속세로 나아가 모든 중생이 부처가 되도록 제도하며 이 세상을 불국토로 만들려 한다는 것이다.

당연히 존재한다고 의심 없이 믿었고, 그래서 사르트르의 실존에 흥분했던 '선정의 나'는 불필요한 정보들로 가득 차고 편견과 벽으로 꽉 막혀 있는 '나'로서 본성의 참 나가 아닐지도 모른다는 의문이 생기면서, 잃어버린 '참 나'에 대한 자각이 비중 있게 다가왔다.

'그렇다. 내가 누구인지 나의 정체성이 확실해져야 나의 결정이며 선택, 행동, 책임 등이 분명해질 수 있을 것이다.' 선정은 어쩌면 이제야말로 '나는 누구인가'라는 진실로 실존적인 질문을 던지게 된 것 같다는 생각이 들었다. 시작하지 않으면 좋았을지도 모를 수풀 속에서의 소 찾기가 시작되었다. 아니 소 찾기는 이미 시작되고 있었고 소의 발자국을 따라가고 있는지도 모른다. 펼쳐 놓은 그림들을 하나하나 정리하여 스케치북에 끼워 넣고 마지막 그림을 넣으려 할 때였다.

지붕이 무너지는 듯한 굉음과 분노에 찬 남자의 고함소리가 들렸다. 곧이어 날카로운 여자의 비명소리와 아이들의 울음소리에 선정의 심장은 어느새 단거리 달리기 선수가 되어 빠르게 뛰고 있었다. 일확천금을 벌 수 있다는 말에 솔깃하여 멀쩡히 다니던 직장을 그만두고 퇴직금을 투자하여 벌인 사업이 사기를 당해 살던 집까지 날리게 된 옆집 남자의 주정이 또 시작된 듯하다. 밤이고 낮이고 술독에 파묻혀 손에 잡히는 대로 던지고 부수며 자신과 가족을 괴롭히고 이웃에게까지 피해를 주고 있는 것이다. 경찰이 몇 번 다녀갔으나 아무런 소용이 없었다. 주정이 시작될 때마다 뛰고 있는 심장을 위로하고자 할 수 있는 생각으로는 '집이 경매에 부쳐졌으니 이제 곧 이사를 가게 될 테지'라는 것뿐이었다.

이런 일이 있기 전까지 그는 늘 엄마가 칭찬을 아끼지 않던 사람이었다. 싹싹하고 인사도 잘하며 가끔 두 손 가득 장을 봐서 가기도 하고, 동네어귀에서 좌판을 펼치고 장사하는 할머니의 나물을 몽땅 다 사 가기도 하며, 또 아이들과 재미있게 놀아주기도 잘하는 자상한 아빠라고 하였다.

'저 남자를 그토록 분노케 하고 괴물로 변하게 한 주범은 정작 어떤 것일까. 돈? 어리석음? 증오심? 불안감? 욕심? 어느 인물을 진짜 그라고 말할 수 있을까?'

"다 진짜 그이면서 그가 아니지 뭐."

"응? 아, 너구나."

좀 놀라긴 했지만 오랜만에 보니 반가웠다. 오늘은 제대로 이 아이와 얘기도 해보고 친해지고 싶은 마음도 생겼다.

"난 항상 너와 함께 있었는데 뭘 자꾸 놀라구 그래. 하하."

"그래 아무튼 반가워. 근데 저 시끄러운 아저씨가 진짜 그이면서 그가 아니라는 말은 무슨 말이니?"

"네 엄마가 칭찬했던 좋은 아저씨일 때는 그저 자기가 생각하는 편안한 상태의 조건일 때의 그이고, 욕심이 생겨서 편안한 상태의 조건이 깨졌을 때는 화가 난 상태의 그일 뿐이라고."

"아니 그건 나도 알지. 그럼 그 둘 중에 누가 진짜 그일 것 같으냐고."

"왜 자꾸 그 사람이 고정되어 있다구 생각해? 그 아저씨는 그저 상황이 바뀔 때마다 변하는 중에 있는 사람일 뿐이지. 그러니까 네가 찾고 싶어 하는 진짜 그 사람이라는 건 있을 수 없다는 거지."

"후유, 답답해."

"자, 다시 잘 들어봐. 지금 답답해하는 너는 네가 원하는 답을 듣지를 못하니까 답답하다고 말하는 거지?"

"그렇지."

"그럼 만약 내가 어느 한쪽이 그라고 대답을 해서 너의 궁금증이 없어졌다면 답답하질 않겠지?"

"그렇겠지."

"그럼 답답했던 너와, 궁금증이 풀린 너 중에 누가 진짜 너인 거야?"

"둘 다 나지."

"그럼 그 아저씨가 둘이라고 생각한 것처럼 너도 둘이겠네?"

"아니지, 그건 내가 이 생각이 들었다가 저 생각이 들게 된 거지."

"그럼 생각이 너인 거네?"

"내가 내 머리로 생각한 생각이지."

"네 생각이 고정되어 있지 않았지?"

"궁금증이 풀렸으니까 당연히 생각이 바뀌었지."

"바로 그 아저씨의 행동이나 네 생각처럼 조건이 바뀌면 언제든 바뀌게 될 뿐이니 거기에서 진짜 가짜를 묻는 것은 바른 질문이 아니란 거야. 네가 예전에 녹고 있는 얼음을 보고 물과 얼음과 수증기의 경계가 어디인지를 묻는 거나 같은 질문이라는 거지. 그저 온도가 내려가면 얼음이 되는 것이고 온도가 올라가면 수증기가 되어가는 것일 뿐 거기에 진짜 가짜는 있을 수 없는 것과 같이."

"얼음이나 수증기의 본모습은 물이라고 말할 수는 있잖아."

"왜 물이 본모습이고 얼음이나 수증기는 그저 물이 변한 거라고만 생각해? 얼음이 본모습이고 물이나 수증기가 얼음이 변한 거라고도 할 수 있고, 수증기가 본모습이고 물이나 얼음이 수증기가 변한 거라고도 할 수 있잖아. 뭐 딱히 본모습이란 게 있을 수도 없지만."

"본모습이 있을 수 없다고? 그건 또 무슨 소리야?"

"얼려진 물은 부피도 늘어나고 물 위에 뜨기도 하고 이렇게 모양을 달리하면서 부피도 무게도 달라지고 있으니 본모습 자체도 어느 것 하나 있다고 말할 수 있는 게 아니란 말이지. 모습은 고사하고 수소나 산소 원자로 본질을 얘기했던 과학자들도 깨지리라 상상도 못했던 원자가 깨짐으로써 입을 다물 수밖에 없게 되었잖아. 그러니까 그건 그냥 우리의 눈에 액체로 인식될 땐 물, 고체로 인식될 땐 얼음, 기체로 인식될 땐 수증기라며 인식된 형태에 따라 주어진 이름일 뿐이라고."

"아, 네 말은 맞는 거 같기도 틀린 거 같기도. 무슨 말인지……."

"자꾸만 뭔가를 고정되어 있다 또는 없다로 생각하는 습관을 버리면 조금 쉬워질 거야. 이 세상에 존재하는 모든 것은 한 순간도 같은 모양으로 있을 수 없으니까 말이야."

"한 순간도 같은 모양으로 있을 수 없다니? 여기 이 책상도 연필도 가방도 나도 이 집도 지구도 계속 이 모양으로 있어 왔는데?"

"아닐 거야. 있는 그대로 잘 들여다 봐. 정말 같은 모양으로 계속 있어 왔는지. 피어오르며 계속 다른 무늬를 만들어내고 있는 연기나 쉴 새 없이 흘러가는 강물을 생각해 봐. 어느 지점부터 연기라고 말할 수 있고, 어디서부터 강물이라고 말할 수 있을까? 정말 책상이 조금도 변하지 않았고, 연필도 가방도 그대로일까? 과연 너는 이십 년 전 태어난 그 모습 그대로라고 생각해? 그럼 넌 약 3kg에 50cm 정도로 고정되어 있어야 하지 않을까?"

"아, 잠낀 잠깐. 말이 이상하게 흘러가는 거 같아. 네 말이 좀 억지가 있는 거 같지 않니? 나는 태어나서 이십 년 동안 매일매일 음식을 먹고, 싸고, 자고 하면서 이만큼 성장한 거잖아."

"그래, 어쨌든 그 매일매일 너는 다른 모습으로 살아 왔잖아. 말하고 있는 지금도 계속 달라지고 있고."

"도대체 무슨 소릴 하는 거야. 난 오늘 아침부터 계속 이 옷을 입고 있었고 머리도 이 모양 그대로거든."

"있는 그대로 봐야지. 네가 생각하는 대로 보지 말고."

"생각하는 대로 보다니? 이 두 눈으로 정확히 보고 있거든."

"만약 여기 어떤 사람이 불의의 큰 사고로 죽기 직전이었는데 다행히 다른 사람의 피를 수혈 받을 수도 있고 심장과 눈·팔·다리도 이식 받을 수 있게 되어 다시 보고 숨 쉬고 걸을 수 있게 되었다면, 그 사람은 사고 이전의 그 사람과 정확히 일치하는 같은 사람이라고 말할 수 있는 걸까, 없는 걸까?"

"……."

"너나 네 친구가 아름다운 음악과 미술작품 앞에서 온전한 감동을 느끼지 못하는 이유도 있는 그대로 그것을 보기보다 너희들의 지식으로 해석하고 판단하기를 더하니까 그렇게 되었던 거야. 그냥 자기 견해가 있지 않은 분별 이전의 봄으로 볼 수 있어야 하는 거지."

"그, 그치만…… 어떻게……."

"시간이 좀 필요할 것 같지?"

"자기 견해가 있지 않은 분별 이전의 봄이라는 건 또 뭐야?"

"찬찬히 아주 아주 찬찬히 잘 들여다봐봐."

8. 망치로 맞았는데 웃음이 나온다

어지럽던 수풀 속이 들어가면 갈수록 더 어지러워지기만 하여 다른 해설서나 쉬운 지도가 있을까 하여 오전에 들어간 종로서적의 문을 나와 바라본 건너편 YMCA 건물은 벌써 건물 전체에 불이 켜져 있었다. 길거리의 포장마차에서 구워지고 있는 붕어빵 냄새는 지금까지 들여다본 책을 하얗게 만들며 '너는 하루 종일 글자만 먹고 살 수 있는 동물이 아니야'라고 코끝에 대고 속삭였다. 계단을 내려가 들어간 분식점은 꽤나 넓고 깨끗하였다. 카운터 옆으론 디제이가 있는 뮤직 박스도 있었다. John Denver가 먼저 와서 〈Today〉를 부르고 있었다.

Today is my moment now is my story …… 흥얼흥얼 따라 부르며 오늘이 진정 내 자신의 순간이고 나의 이야기라는 것에 끄덕이며 자리에 앉아 유부국수를 주문하였다. 천천히 걸어오고 있던 배고픔은 음식을 기다리는 시간을 길게 늘려 놓았다. 먼저 가져다 준 노란 단무지와 물을 다 비우고 나서야 놓인 유부국수는 십 년 만에 만나는 친구마냥 반가웠다. 마시듯 후루룩 먹고 나서 뭔가 아쉬운 한숨을 돌리고 나니 누군가 뒤에서 어깨를 톡톡 치며 말을 걸어왔다.

"너 지금 세상에서 제일 맛있는 유부국수를 먹었지?"

"으응. 나 정말 맛있게 먹었어. 근데 아직 배가 좀 덜 찬 느낌도 있어."

"아직 배가 덜 찼다구?"

"응, 한 세 젓가락 먹으니까 없어지더라구, 히히. 근데 너 또 언제 온 거야?"

"이제 그만 물어볼 때도 된 거 같은데 볼 때마다 물어보긴."

"나 진짜 네가 궁금해. 너 이름이라도 말해줄래?"

"그냥 대충 지어서 불러. 어차피 난 계속 그 이름일 수 없으니까."

"이름을 지어서 불렀는데 계속 그 이름일 수 없다니 그건 또 무슨 소리야? 저건 유부국수, 단무지, 물 이렇게 이름이 있고, 모든 사람이 계속 그렇게 부르고 있잖아. 내가 만약 잔치국수, 사이다, 깍두기 이렇게 말했다면 여기엔 다른 물체가 와 있겠지."

"그래, 그렇게 잔치국수·비빔국수와 구별해 부르기 위해서 지어진 이름일 뿐이지 계속 그 상태를 유지할 수 있는 건 아니라는 거지. 유부국수라 이름 지어 부르자마자 그건 그게 아닌 상태로 변해 가고 있잖아. 그러니까 우리가 부르는 건 그 개념일 뿐이지. 유부국수의 실체가 아님에도 너무 오랫동안 계속 그렇게 부르다보니까 그걸 당연히 변치 않고 존재해 온 유부국수라고 생각하게 된다는 말."

"유부국수가 차차 변해 가고 있고 우리는 그 개념만을 부르고 있으니 실체가 아니라는 말은 뭔 소리야 도대체. 넌 만날 때마다 자꾸 나를 혼란스럽게 하는 말을 해서 이야기를 계속할 수 없게 돼."

"답답한 건 나도 마찬가지야. 그래도 내 말에 대해서 한번 진지하게 생각해봐 줬으면 좋겠어. 난 네가 나에게 호기심을 가져준 것만으로도 무척 반갑고 기쁘거든. 이렇게 만날 수 있게 된 것도 말이야. 사실 나는 나를 간절히 원하고 알고 싶어 할 때만 보이고 들리게 되거든. 그러니까 네가 나를 보고자 할 때 보이는."

"하긴. 그러고 보니 네가 날 헷갈리게 한 게 아니라 내가 헷갈릴 때 항상 네가 와 있었던 것 같다. 어쨌든 네 말이 잘 이해는 안 되지만 본래의 그것이든 편의상 그것이든 네 이름을 지어보자."

"굳이 뭐, 네가 정 그렇게 불편하다면 앞으로 그냥 지혜라고 불러."

"지혜? 그래 좋다. 지혜."

선정은 뭔가 모를 모호함의 관계에 반듯한 선이 그어진 듯한 느낌이 들어 흐뭇한 미소가 지어졌다.

"아, 근데 나 눈이 아까부터 좀 불편해. 오늘 하루 종일 이 책 보다가 저 책 보다가 눈을 혹사시켜서 그런가 봐."

"이래저래 오늘 몸공부 마음공부 제대로 했네."

"하루 종일 구석에 쭈그리고 앉아서 보느라고 움직이질 않아서 몸 공부는 하나도 안 했어. 구석이라 좀 어둡기도 했구 다리도 저렸구."

"그것들 모두가 다 공부였지 뭐. 네가 오늘 하루 동안 네 몸이라고 생각하는 곳에서 일어나고 있던 감정이나 생각의 변화를 한번 자세히 살펴봐. 그래야지 네가 진정으로 찾고자 하는 네가 누구인지를 찾을 수 있지 않겠니?"

"아니 뭐 딱히 특별한 게 없는 거 같은데."

선정은 마치 어렸을 때 쓸 것 없는 일기장 앞에 앉아 있는 기분이 들었다.

'오늘은 책방에 갔다. 하루 종일 책을 보고 나서 배가 고파 유부국수를 먹었다. 참 맛이 있었다. 끝.'

"너, 바로 좀 전에 하루 종일 굶었다가 먹은 유부국수가 세상에서 제일 맛있는 음식이 됐잖아."

"당연하지. 시장이 반찬이란 말이 괜히 생겼겠어?"

"위가 비었을 때와 위가 차 있을 때, 좋아하는 사람과 함께 먹을 때와 불편한 사람과 함께 먹을 때, 또 음악이나 조명, 분위기 이런 거에 따라서도 그 음식에 대한 느낌은 전혀 달라지지?"

"물론이지."

"또 아침엔 멀쩡하던 눈이 하루 종일 글자를 보면서 불편하고 피곤해졌지?"

"그렇지."

"그리고 그 달라진 모든 느낌이 다 너라고 생각하지?"

"하하. 그럼 다 나지. 내 몸이 느끼고 생각을 하고 행동으로 옮기는 거니까."

"그러니까 모든 생물체가 나라고 얘기하고, 내가 살아 있다고 말하는 데는 이 몸을 가지고 느끼고 생각하고 행동하고 의식하는 그 작용들 외에 또 다른 게 뭐가 있을까?"

"으음, 글쎄, 없는 거 같네."

"그럼 그 작용들은 어떤 때에, 어떤 연유로, 무엇들을 통해서 이루어졌나를 잘 봐봐."

"무엇들을 통해? 아니 뭘 통한 것도 아니구, 누가 말해준 것도 아니구, 그냥 내가 느끼고 생각하고 한 거지 뭐."

"객관적으로 보기에는 아침의 너나 시간이 지난 지금의 너나 동일한 너인 것 같아도 시간이 지나면서 네 상태와 만나는 상황이나 조건들에 따라 다리가 저렸다가 편해지기도, 눈이 피로하다가 침침해지기도, 또 목이 말랐다가 시원해지기도, 배도 고팠다가 불러지기도 하며 느껴지는 감정이나 생각들이 수시로 변해 가고 있고 그에 따라 당연히 행동도 달라지고 또 그 모든 걸 의식하는 것도 달라지고 있었다는 것은 인정하지?"

"당연한 거 아냐?"

"그러니까 현재는 단순 현재가 아니라 늘 그 안에 너무 많은 요소들과 조건이 함께 만들어지고 있다는 것도 알겠지?"

이상한 건, 늘 엉뚱한 질문을 던지는 아이라고 생각하면서도 지혜의 모든 말이 전혀 터무니없거나 단지 말장난으로 들리지만은 않는다는 생각에 잠시 머뭇거리다가 급하게 들어간 국수가 불어서 낸 포만감과 따뜻해진 몸이 만든 이완된 하품으로 대답을 대신하였다.

"응? 으응, 아하암."

"하하, 많이 피곤한가 보구나. 이제 나가서 조금 걸을까?"

"그래, 그게 좋겠다."

어느새 많아진 인파는 레코드가게에서 흘러나오는 행진곡과 함께 다가오는 밤을 맞이하고 있었다. 뭉게구름처럼 하얀 연기가 피어오르고 있는 곳이 궁금하여 걸어 내려와 보니 커다란 가마솥에서 만두와 찐빵이 쪄지며 뿜어내는 연기였다. 높게 쌓여 있는 찜통들 옆으론 만두와의 만남을 기대하며 뚜

껑이 열리기를 기다리는 사람들의 설렘이 길게 줄 서 있었다.

"저 연기는 어디에 있다가 나오는 걸까?"

"저기 찜통에서 나오고 있잖아."

"그럼 연기는 찜통 안에 가만히 앉아 있다가 모습을 드러내는 거야?"

"하하, 피곤한 건 내가 아니라 너인 거 같다. 별 이상한 소릴 다 듣겠네."

"보이지도 않고 있지도 않던 연기가 어떻게 우리 눈에 보이고 있게 되었는지 그 과정을 잘 들여다봐."

"뭐, 솥에 열이 가해졌고 물이 뜨거워지면서 수증기가 되고 외부의 차가운 공기와 만나 급하게 온도가 내려가면서 구름처럼 보이는 거겠지."

"바로 그 얘기야. 열과 물이 만나고, 수증기가 찬 공기와 만나고 하면서 보이게 되는 원리와 너의 발저림, 피곤해진 눈, 맛있었던 국수가 있게 되는 원리가 같은 거라는, 그러니까 모든 것이 이것과 저것이 만나면서 일어나게 되는 원리."

"……."

버스정류장 앞 빵집에서 문이 열리고 닫힐 때마다 오븐에서 갓 구워진 고소한 빵 냄새가 새어 나오더니 아직 덜 찬 배를 채우고 가라는 손짓으로 선정을 불러들였다. 소보로빵, 크림빵,

129

도넛, 꽈배기, 크로켓, 카스텔라, 샌드위치, 모두 다 맛있어 보이는 빵들이 한꺼번에 선정의 눈으로 들어왔다.

"저 빵들은 밀가루라는 같은 재료를 반죽하여 만들어졌는데 다 다른 모양이 되었네. 우유와 버터, 계란과 이스트와 설탕, 소금, 굽는 온도, 물의 양, 이들 각각의 차이가 이렇게 다른 모양과 맛을 만들어냈겠지?"

"빙고, 그러니까 반사의 질과 양은 전적으로 조건의 질과 양에 따라 달라지는 게 보이지?"

"그러고 보니 내가 좀 전에 먹은 유부국수도, 가마솥에 쪄지고 있는 만두와 찐빵도, 저 리어카의 붕어빵도 모두 밀가루로 만들어졌는데 모두 다른 이름으로 불리고 있었네."

"이 세상에 그 어떤 것도 고정적으로 존재하지 않고 함께하는 상황과 조건에 따라 수시로 변화하고 있는데, 그 변화의 어느 지점에 그 이름이 합당하다 할 수 있을까? 이름 없음이 진정한 그의 이름이 되는 게 맞는 말이겠지? 사물에 붙여진 이름이라는 건 단지 우리의 필요에 의해서 또 의사소통을 위해 편의상 지어진 것일 뿐이니 그 본질로 착각하지 말라는 이야기였어."

"편의상 의사소통을 위해서 불리었을 뿐 진짜 그것이 아니라고?"

"조금 아까 네가 먹은 유부국수란 이름의 그 물질은 지금은 어디서 무엇이 되어 무슨 이름으로 불리고 있니?"

"응? 내가 먹었으니까 없어졌지."

"없어졌어? 그럼 없어져서 간 곳은 어디야?"

"음, 내 위를 거쳐 지금쯤 장에 와 있으려나? 아직 거기까지 가진 못했을라나?"

"그럼 없어진 게 아니잖아. 형태가 바뀌었을 뿐이지. 지금은 국수가 아니라 물과 침과 소화액과 버무려진 죽 형태의 음식물로 되어 있겠지?"

"그렇겠지."

"그럼 지금 그것들은 뭐라고 부를까?"

"뭘 이름을 불러. 그냥 내 안에 있으니까 나지."

"하하하. 그렇지. 유부국수라 불리던 그것들이 이선정이 되어 있잖아."

"뭐, 굳이 찾자면 그렇게 말할 수밖에 없긴 하네."

"그럼 아까는 그것들이 생물이 아니었는데 지금은 사람이라는 생물이 되어 있잖아. 또 너는 조금 전까지 너라고 불리었던 그것과는 다른 생물체가 된 거지?"

"뭐, 그냥 내가 유부국수를 맛있게 먹고 소화 중인 거지, 무슨 다른 생물체가 되었다고 그래."

"잘 생각해봐. 오늘 아침의 너와 지금의 네가 똑같은 너라고 말할 수 있니? 아침의 네 안엔 유부국수가 없었고, 지금의 네

131

안엔 유부국수가 있지. 아니 아침저녁으로 나눌 것까지도 없이 바로 1분 전의 너와 지금의 너도 달라져 있잖아. 유부국수의 소화 정도도 달라져 있을 테고, 네 몸속 세포도 몇 개는 죽고 몇 개는 다시 생겨나고, 혈관 속의 피도 오르락내리락 위치를 달리하고, 방광에선 노폐물이 만들어져 채워지고 있고, 분명히 다르지. 그런데 똑같은 이름으로 불리고 있잖아. 어제도 이선정, 아침에도 이선정, 지금도 이선정. 뭔가 좀 잘못된 거 같지 않아? 우유에서 비롯된 치즈나 버터를 다 우유라고 부르지 않고, 쌀에서 만들어진 막걸리나 떡을 쌀이라고 부르지 않으면서 너는 이십 년 전이나 지금이나 왜 한결같이 이선정이라고 생각하는 거지? 너라고 생각하고 있는 네 몸은 언제 정확히 이선정이라고 불려야 올바른 너라고 생각할 수 있을까. 이선정으로 불려야 할 순간이나 실체가 있기는 한 거야?"

"치즈나 버터나 막걸리는 완전히 변화돼서 다른 맛, 다른 모양의 물체가 되었으니까 다른 이름일 수밖에."

"치즈나 막걸리의 변화는 우유나 쌀의 완전한 화학변화이고, 이선정의 변화는 단지 음식을 먹고 성장한 물리적 변화일 뿐이라고 말하는 거니? 아기 때의 너를 기억하는 사람이 지금의 너를 보면 전혀 모르는 다른 사람이라고 생각하지 않을까? 변치 않는 이선정이 있어서 걔가 음식들을 먹고 성장한 게 아니라, 넌 단지 여러 음식물이 36.5도의 온도와 여러 효소들, 미

생물들과 만나 발효도 되고 변화되어 가고 있는 과정, 그 작용만 있을 뿐인 거지"

속사포같이 쏟아지는 질문에 존재가 모호해진 선정은 순간 현기증이 일어나 살짝 비틀거렸다.

"하, 네 말은 너무나 당연하면서 또 조금 생각하다보면 혼란이 오고 그래."

"지금까지 네가 생각하고 있는 방식과 다르기 때문이지만 곧 익숙해지면 너도 재미있어질 거야."

"응, 그런데 아무튼 일단 여기 좀 앉자."

의자 옆에 걸려 있는 큰 거울로 인하여 빵집이 훨씬 넓게 보였고, 거울에 비친 자신의 모습은 무척 낯설게 느껴졌다. '거울이 빛을 받아 반사시킬 때 망막에 맺힌 나의 허상을 보면서 실재의 나를 보고 있다고 생각한 것처럼 지금까지 보아온 모든 것도 실재 그것들과 거리가 있을지도 모른다'는 생각이 들었다. 그때부터 선정의 머릿속으로 들어와 뇌신경세포를 건드리기 시작한 현미경은 어느 것 하나 건성으로 보이게 놔두질 않았다.

"우리는 물체들이 빛을 받아 반사하는 그 빛이 우리 눈에 들어올 때 물체의 형태며 색을 구분하잖아. 그럼 우리가 보고 인지하는 것은 그 물체가 아닌 우리의 망막에 맺힌 상일 뿐이고, 색깔 역시 그 물체가 가지고 있던 것이 아니라 빛이 물체에 닿

앉을 때 반사되어 나온 빛일 뿐이잖아. 그 모든 걸 인지하는 시간 또한 한 박자씩 느리게 진행되고 있는 거구."

"그건 또 무슨 소리야? 내가 지금 이 탁자, 의자, 사람들을 봄과 동시에 인지하고 있는데."

"지금 이 보는 과정을 슬로비디오로 보고 있다고 상상을 해 봐. 일단 태양이든 전깃불이든 광원에서 나오는 빛이 이 탁자를 비추고 빛이 이 탁자를 뚫지 못하고 다시 반사되어 망막에 맺히기까지, 아무리 빛의 속도가 빠르다고 해도 동시에 일어나고 있는 일은 될 수 없겠지. 그리고 우리가 보고 있는 것은 실제 그 물체가 아니라 내 망막에 맺힌 상을 보는 거잖아."

"음, 뭐, 그렇긴 하지만 빛의 속도는 거의 동시이다 싶을 정도로 빠른 걸로 알고 있는데."

"또 그 전파속도도 순수한 진공일 때와 물일 때 유리일 때의 각각 매질에 따라서 조금씩 달라지거든. 그리고 반사되어 온 빛 자체도 우리의 눈이 감당할 수 있는 광선의 영역, 그러니까 가시광선까지밖에 볼 수 없으니 적외선, 자외선, 엑스선 이런 빛은 볼 수도 없잖아. 또 뇌까지 전달할 우리의 시신경의 상태 정도에 따라서도 각각 달라질 테고. 이렇게 우리가 본다는 것은 볼 수 있는 한계 안에서 보는 것이기 때문에 실제의 정확한 봄은 될 수 없는 거지."

"그럼 네가 아무리 있는 '그대로를 봐라, 봐야 한다' 말하지만 볼 수조차 없는 걸 요구하는 거 아냐?"

"있는 그대로 보라는 건 개념적으로 보아왔던 습관들을 버리고 보라는 의미지. 마치 어린아이가 언어로 지칭하지 않은 세상을 처음 보듯이 말이야. 시각적으로 보는 것만 말하는 게 아니라 청각, 후각, 미각, 촉각, 생각이 어떠한 대상들을 만날 때, 그러니까 내가 보고자 하는 대상이 되는 물체들, 냄새, 소리, 맛, 여러 종류의 질감 등과 만날 때 그것들과 함께 일어나는 의식작용을 그때그때 바로 보는 것을 말하는 거야."

"그게 바로 네가 전에 이야기한 분별 이전의 봄이라는 거니?"

"그렇지."

"그렇지만 이미 우리가 안다고 하는 것의 대부분이 개념적으로 교육받아 왔기 때문에 힘들 거 같은데."

"많이 힘들지. 하지만 그걸 붙잡으려고 고집하지 않고 유연하게 본다면 어느 순간에 보이면서 도미노처럼 풀려나가게 될 거야. 과학이 정확성을 내세우며 매우 객관적이고 정확한 측량기구들을 만들어냈잖아. 길이나 무게, 부피를 재는 자나 체중계 뭐 그런 것들. 그러나 그 측량기구들 자체도 온도가 높아지거나 낮아지는 것에 따라 팽창하거나 수축하거나 할 테고 시간이 지나감에 따라 조금씩 소멸되어 변해 가고 있을 테니 정확하다고 볼 수 없지. 보고 있는 내 몸도 내 의식도 수시로 변하고 있고, 측정하는 도구들도 변하고 있으니 우리가 보는 모든 것은, 참 모습과는 상관없이 다른 것에 의해 만들어져 거울이라는 스크린에 비쳐진 이미지 같은 거지."

"음."

"잘 봐. 듣는 것도 마찬가지야. 너는 지금 네 주변의 소리를 정확히 다 듣고 있다고 생각하지? 또 어떤 소리가 났을 때 같은 공간에 있는 사람들은 다 똑같은 소리를 들었다고 생각하지만 공기가 진동에너지를 음파의 성질로 뇌까지 전달하게 되기까지 시간도 달라질 뿐더러 생물체에 따른 귀의 모양에서부터 귀 안의 고막, 달팽이관의 생긴 모양에 따라서도 달리 전달되는 거니까 각각 다른 소리를 들을 수밖에 없게 돼. 녹음된 네 목소리와 실제 네 목소리가 다르게 들려서 생소했던 경험도 있지 않아? 내가 말하면서 듣는 목소리는 내 몸속에서 직접 뇌로 전달되어서 듣는 소리고, 녹음되어서 듣는 소리는 공기를 통해서 뇌로 전달되는 소리를 듣는 거니까 진동에너지도 더 높아져 가늘고 가볍게 들려지게 되니까 말이야."

"응, 되게 이상하더라. 처음엔 내가 아닌 줄 알았어."

"인간은 2만 헤르츠 이상의 진동을 들을 수 없지만 돌고래나 개나 박쥐 등은 우리보다 몇 배나 많은 미세한 진동소리를 들을 수 있다고 하거든. 그러니까 사실 우리가 불쾌하다고 여기는 소음의 데시벨은 없는 셈이지. 조용히 자고 싶을 때는 아무리 작은 소리도 소음으로 들리고, 기분이 좋을 때는 엄마의 잔소리도 꾀꼬리소리처럼 들리지 않아? 가뭄에 목말랐던 농부들에게 천둥 번개와 함께 지붕을 때리는 빗소리는 오케스트라의 생명교향곡이 되지 않을까?"

"하하, 기찻길 옆 오막살이 칙칙폭폭 기차소리 요란해도 아기아기 잘도 자고 옥수수는 잘도 큰다 하더군. 소리 역시 고정되어 있는 누구에게나 다 같은 소리가 아니라는 얘기지?"

"고정되어 있지 않을 뿐더러 소리 역시 밖에 있어서 듣는 게 아니라 내가 들으니까 소리가 있게 되는 거란 얘기지. 내 귀의 모양, 내 청력, 들었던 경험 등등이 만들어낸 소리. 그렇게 냄새도 맛도 촉감도 모두 같은 이치로 변화하고 있기에 거기에 따른 우리의 느낌도 생각도 의지나 의식도 고정되어 있을 수 없었던 거야. 네가 아까 유부국수가 그렇게 맛있었던 건 위가 비어서 배가 많이 고팠기 때문이지. 만약 배가 아주 부른 상태였다면 산해진미가 앞에 있어도 먹고 싶은 의욕도 느낌도 일어나지 않았겠지. 아마 억지로라도 집어넣으면 탈이 나든지 토하든지 했을 걸. 또 갈증이 심했기에 물맛이 꿀맛이 될 수 있었던 거지. 그러니까 지금까지 네 느낌이라 말했던 그 감정은 네가 상대하는 그것들이 원래 고유한 성질이 그러해서 일어난 감정이 아니라 너의 그러한 상태와 그것과 만나 일어난 네 느낌일 뿐인 거지."

"그렇지만 아무리 내가 배가 고팠어도 그 국수가 몹시 짜거나 쓰거나 그랬다면 맛있게 먹을 수 없었을 걸."

"당연하지. 그 국수의 이러이러한 조합으로 먹기에 적당한 국수의 조건과 배고픈 네 위의 상태와 맛을 느낄 수 있는 미뢰의 미세포가 자극을 받고 뇌신경까지 전해지는 기능이 만나 맛있다는 느낌이 일어나는 것이지. 그러니까 국수가 맛있다는 느낌이라는 건 어느 것 하나가 독립적으로 일어날 수 없다는 얘기지. 이 세상 모든 것이 그렇게 만들어져 가고 또 그 조건들이 흩어지면 없어져 가고 있어. 우리가 무엇에 대해 좋다, 싫다 하는 생각도 그렇고, 하고 싶다, 하기 싫다 하는 의지도 모두 이렇게 만들어지고 변해 가고 사라지고 하는 거지. 절대 변할 것 같지 않던 감정이나 생각들도 모두 다."

"그러니까 국수의 맛이라는 게 따로 있는 것도 아니고, 또 내 혀가 느끼는 맛이라는 것도 따로 있는 게 아니라는 얘긴 거지?"

"그렇지."

"음, 근데… 아무리 생각해 봐도 어떻게 국수의 맛이 따로 있지 않다고 생각해? 설탕은 단맛, 소금은 짠맛, 식초는 신맛, 뭐 이렇게 다 고유의 맛을 가지고 있잖아."

"그렇지. 지금까지 우리는 각각 그것들이 있다고 생각해 왔기 때문에 쉽게 납득이 잘 안 될 거야. 하지만 정말 그럴까?

'소금의 맛은 짜다' 이건 뭐 전 세계 사람이, 또 천 년 전 사람이나 지금의 사람이나 다 그렇게 생각하고 있는 틀림없는 생각이지? 그런데 사실 소금에도 짠맛만 있는 건 아니거든. 또 소금이 어느 바다의 어떤 조건 아래서 만들어진 것인가에 따라 씁쌀한 소금도 있을 수 있고 달착지근한 소금도 있을 수 있고."

"어찌됐든 씁쌀한 짠맛이든 달콤한 짠맛이든 짠맛이 있잖아."

"소금이라는 이름 자체도 다 다른 짠맛이고 또 맛을 느끼는 대상들이 다 각각 다른데 어느 것을 고유의 소금 맛이라고 말할 수 있을까? 아무 맛이 없다고 느끼는 물의 맛도 그래. 어른들은 계곡물, 시냇물, 샘물, 우물물 다 맛이 다르다고 하는데, 우리는 다 그냥 맹물 맛으로 느껴지듯이 만들어진 조건과 또 그것을 느낄 수 있는 혀의 예민도에 따라 사람마다 천차만별의 물맛이 있게 되는 거란 말이지. 고양이는 단맛을 못 느낀다고 하니 고양이한테는 아예 단맛이란 건 있을 수도 없겠지."

"씨가 옥토를 만나면 잘 자라나 열매를 맺고, 사막에 떨어지면 말라 죽게 되는 거와 같은 이치라고 할 수 있나?"

"그렇지. 반복해서 정리하자면. 정말 이 세상 어느 것도 고정되어 있다거나 독립적이거나 할 수 없다는 시점에서 보면 이해가 잘될 거야. 뭐, 사막이라고 씨가 다 말라 죽는 건 아니지.

사막이어야만 잘 자라는 식물은 오히려 습지에 놓으면 생명을 잃겠지. 그러니까 우리 눈에 보이는 단순한 한 가지 사건에는 너무 많은 변수들이 함께 작용하고 있기 때문에 이 집에서 만든 유부국수와 저 집에서 만든 유부국수의 맛이 달라질 수밖에 없고, 먹는 사람의 상태에 따라서도 다 달라지게 된다는 거지, 결국 소금이라는 덩어리가 그 맛을 느낄 수 있는 혀와 만남과 동시에 그것이 뇌까지 연결될 때 비로소 맛이라는 게 등장한다는 거야. 원래 맛이 있어서 느끼는 게 아니라 내가 만들어낸 맛을 내가 느끼는 거지. 몹시 갈증 났던 사람이 소금을 먹으면 무척 달기까지 하다고 해. 보는 것도 듣는 것도 이렇게 모두 내가 만들어낸 걸 보고 듣는 거지."

'아, 이게 뭐지?'

선정은 별안간 자신에게서 무언가 큰 덩어리가 훅 빠져 나가는 느낌이 들었다. 가벼운 느낌도 들었고 무서운 느낌도 들었다. 눈을 크게 뜨고 심호흡을 하였다.

'나는 있다 여기에. 나는 지금 어지러웠고 큰 숨을 쉬었다.'

선정은 자신을 꼭 잡으며 중얼거렸다.

'내가 지금 들이마신 이 숨은 뭐지? 저 화분의 나무들이 뱉어 놓은 산소? 그럼 내가 뱉은 이산화탄소는 저 나무들이 마시구? 그렇다면 좀 전에 이선정이었던 것이 나무가 되고 나무였던 것은 이선정이 되고? 아니 나무뿐만이 아니다. 내가 뱉은 공기를 저 사람도 조금은 마셨을 테고, 저 사람이 뱉은 공기를 나도 조금 마셨을 테고, 그럼 저 사람이 나도 되고 나도 저 사람이 되는 건가?'

지혜가 그동안 했던 이상한 말들이 아주 아주 조금씩 이해되어 가는 듯도 하였다.

오늘 하루 동안 책방에서 만나 망치 같은 두드림과 영감을 주었던 선배들의 가르침과 함께 감정과 생각들의 퍼즐이 점점 모양새 있게 맞추어져 가는 느낌도 들었다.

'한 알의 모래에서 세계를 보고, 한 송이 들꽃에서 천국을 보며, 무한과 일순간의 영겁이 손안에 있음을 본 윌리엄 브레이크나, 한 송이의 국화꽃을 피우기 위하여 봄부터 운 소쩍새를 등장시킨 시인이나 모두 순간 속에 영원이 있다는 통찰을 이야기한 거였구나.'

선정은 이들 모두가 자신의 도반이 되어 주고 있음에 작은 희열의 떨림을 느꼈다. 바로 한 시간 전에 책방 2층에서 만난 의상대사가 마치 하산하는 제자를 위해 건네준 듯한 법성게를 펼쳤다.

일중일체다중일 일즉일체다즉일

(一中一切多中一 一卽一切多卽一)

일미진중함시방 일체진중역여시

(一微塵中含十方 一切塵中亦如是)

하나 안에 일체(모든 것)가 있고 일체 안에 하나가 있고,

하나가 곧 일체이고 일체가 곧 하나로다.

한 개의 작은 티끌 속에는 시방(삼라만상)을 포함하고 있으니

모든 티끌이 또한 이와 같음이라.

빵집 아가씨가 테이블에 물 한잔을 내려놓았다. 토끼 두 마리가 방아를 찧고 있는 달이 예쁘게 그려진 물컵이었다.

"이 토끼들 참 귀엽지 않니? 보름달 안에 있으니 더 넉넉하고 푸근해 보여."

"보름달이라… 네가 아는 달 이름을 모두 말해 봐봐."

"응? 별안간 달 이름은 왜? 뭐, 초승달, 반달, 상현달, 하현달, 그믐달, 보름달."

"그래, 근데 정말 하늘에 이 여섯 종류의 달이 다 각각 따로 존재하고 있는 거야?"

"……."

"모든 존재의 이름은 그렇게 그때그때 되어지는 모양과 관측자의 필요에 의해 붙여진 것일 뿐이니 이름은 그 실재가 아니라고 했던 거야. 우리가 말하는 동서남북이라는 방위도 보는 자리에 따라 달라지고 있는 것이지 고정되어 있는 게 아니잖아? 또 너는 이 빵집에선 손님이 되고, 집에 가면 딸이 되고

동생이 되고, 친구를 만나면 친구가 되고, 선생님을 만나면 학생이 되고 하는 거지. 또 지금 이 물 잔에 맥주가 있다면 맥주 잔이라고, 꽃이 있다면 화병이라고 불렀겠지? 또 여기가 빵을 파니까 빵집이지 떡을 팔았다면 떡집이 되었을 테고, 술을 팔면 술집이 되었겠지. 우리가 존재라고 부르는 것은 바로 그렇게 있는 것일 뿐이라는 거야."

"사실 어쩌면 그동안 여러 이름을 써 오면서도 이름의 무게 없음은 알고 있었던 듯도 해. 장미는 이름을 달리 불러도 향기가 난다고 말했던 어린왕자의 말도 생각나네."

"음, 그건 조금 의미가 다르긴 하다만 우리의 사고 속에 단단히 자리 잡은 이름의 무게를 덜어내 준 말이긴 하네."

선정은 주변의 사물과 현상 모든 것에 집중하며 예전에 보아 왔던 것들 속에서 미처 보지 못했던 것들을 보고 끄덕이는 놀이가 제법 재미있다는 듯 미소를 지었다.

"미처 보지 못한 것들을 보는 재미? 대충 눈치챘겠지만 보고 또 보다 보면 아마도 지금까지 네가 보아온 모든 것이 통째로 부정되는 시점과 만나 당황스러워질 수도 있으니 단단히 각오해야 될 걸."

"이미 펀치 몇 대 맞고 나니 제대로 부딪쳐 보고 싶은걸."

"좋아, 그럼 이번엔 이 실재가 아닌 존재의 이름들이 어떻게 쓰이고 있었는지도 들여다보도록 하자. 우리에게 이름이나 개

넘이 필요한 어떤 대상이 나타나면 그것의 모양, 색, 냄새, 질감, 구성 물질을 살피고 또 어떤 기능이 있고 어떻게 움직이고 있나 등을 기준으로 이름을 짓게 되잖아. 그리고 그 이름에 많은 사람들이 동의하면서 사용하게 되는 거구."

"그렇지."

"씨앗이 터져 새로 돋아난 싹은 새싹, 하늘에서 쏟아져 내리는 물은 폭우, 배우는 사람은 학생, 가르치는 사람은 선생, 비행기를 조종하는 사람은 조종사, 날개를 달고 하늘을 날아가는 차는 비행기, 선로 위로 사람을 싣고 달리는 것은 기차, 도둑질하는 사람은 도둑놈… 뭐 이런 식으로 만들어진 이름으로 우리는 싹이 튼다, 기차가 달려간다, 폭우가 내린다, 비행기가 날아간다, 도둑놈이 도둑질한다 라고 말하며 의사를 소통하지."

"그렇지."

"근데 사실 그 말이 이치에 맞지 않는 말이라는 생각은 하지 못하고 쓰고 있잖아."

"이치에 맞지 않은 말이라고?"

"응. 처음 이름이 만들어질 때의 기준들을 떠올려서 잘 생각해 봐. 하늘에서 쏟아져 내려야 폭우이고, 씨앗이 터져 새로 돋아나야 새싹이고, 도둑질을 해야 도둑놈이고, 날개를 달고 하늘을 날아야 비행기라는 이름을 쓸 수 있는 거니까, 엄밀히 말하면 날기 전에는 비행기라 부를 물체도, 도둑질하기 전엔 도둑놈이라 부를 대상도, 쏟아져 내리기 전엔 폭우라고 부를 대상도, 씨앗이 터져 돋아나기 전엔 새싹이라고 부를 것도 있을 수 없잖아."

"잠깐 잠깐. 날거나 달리지 않아도 비행기와 기차는 있고, 폭우, 새싹, 도둑놈도 있는데?"

"자, 봐봐. 여기 씨앗이 있는데 지금 싹트기 1초 전이야. 그럼 그건 씨앗이야, 새싹이야? 또 어떤 사람이 도둑질을 하려고 마음을 먹고 물건에 손대기 1초 전이야. 그럼 그 사람은 도둑놈이야, 아니야? 폭우가 쏟아지기 1초 전이야. 그럼 그건 먹구름이야, 폭우야?"

"……."

"이름은 이름이 되는 모든 기준과 조건들을 이미 포함하고 있는 거잖아. 그러니까 어떻게 있지도 않은 비행기가 날아가고, 있지도 않은 기차가 달리고, 있지도 않은 새싹이 트고, 있지도 않은 폭우가 내린다고 말할 수 있겠어. 결국 기차가 달려간다는 말은 달려가는 놈이 달려간다, 비행기가 날아간다는 날아가는 놈이 날아간다, 새싹이 튼다는 튼 놈이 튼다, 폭우가 쏟아져 내린다는 쏟아져 내리는 놈이 쏟아져 내린다, 도둑놈이 도둑질한다는 도둑질하는 놈이 도둑질한다 라고 말하게 되는 거니까 이치에 맞지 않는 말을 하고 있다고 말할 수밖에."

"그러고 보니까 되게 우스꽝스러운 말이 되네. 갑자기 내가 바보가 된 기분이야. 허 참."

나무로 만들어진 테이블에서 그 나무를 키워낸 숲, 바람, 비, 햇빛, 공기를 보았다던 틱낫한 스님의 목소리가 들리는 듯 하더니 곧 테이블을 두드리는 아가씨의 목소리로 바뀌어 들렸다.

"드시고 가실 거지요? 주문을 해주셔야 하는데요."

생각하느라 못 들었었나 보다. 아가씨는 조금 재촉이 섞인 목소리를 내었다. 얼떨결에 우유 한 잔과 샌드위치 한 개라고 얼른 말하고는 단숨에 물을 벌컥벌컥 마셨다. 보리냄새가 구수하게 퍼지는 따끈한 보리 물이었다. 하루 종일 굶었다가 유부국수를 먹어서였는지 갈증이 났던 터에 물은 꿀맛이었다. 배고픈 느낌에 따라 세상에서 제일 맛있는 국수를 먹었다는 느낌도, 목마름에 따라 꿀맛인 물의 느낌도, 실재 그 느낌이라는 것이 있었다기보다 그때그때 조건에 따라 바뀌어가고 있었음이 새삼스레 깨달아졌다. 반면에 간절히 하고자 원하던 절대적인 것들도 언젠가는 싫증내고 바뀔지도 모른다는 생각이 들자 조금 두려운 감정도 들었다. 느끼고 생각하고 말하는 모든 것도 자신의 사적 의지와 관심의 투영이라면 이제까지 허망한 그림자놀이를 하고 있었지 않았나 하는 생각이 들었다.

선정의 머리는 금이 간 유리를 건드린 것 같았다. 눈에 보이지는 않지만 지금 이 공간에서 이루어지고 있는 바쁜 움직임들이 보였다. 바쁜 움직임들을 있게 한 그 전의 움직임도 보였다.

샌드위치가 놓여졌다. 사실 유부국수 덕분에 배고픈 것은 면했기에 빵 몇 개를 사들고 가려고 들어온 거였는데……. 한 입 베어 물자 빵 속 재료들을 잘 뭉쳐준 마요네즈의 고소한 맛과 향이 위가 아닌 머릿속으로 빠르게 퍼져 흡수되는 느낌이었다. 며칠 전 마요네즈를 직접 만든다며 계란의 흰자와 노른자를 분리시켜 거품기로 한참 동안 휘젓고 있던 언니와, 마요네즈가 만들어지며 일어나는 현상을 신기하게 바라보던 생각이 났다.

'그래, 계란의 거품과 기름이 만나고 식초와 섞으니 마요네즈가 되었지. 계란이 밀가루와 우유와 만나서는 빵이 되고, 기름과 만나서는 마요네즈가 되고, 계란은 인연 따라 형태를 바꾸고 맛을 바꾸고 전혀 다른 이름의 물질로 되어 갔지. 아니 달라져 보이는 그 물질들에 다른 이름이 붙여졌던 거지.'

접시에 남아 있는 샌드위치를 멍하니 바라보다가 그 속에 있는 재료들을 머릿속에서 하나씩 하나씩 분해하였다.

빵, 마요네즈, 감자, 양파, 오이, 햄, 소금…… 이제 샌드위치라 불리던 물체는 없어졌다.

뭉쳐 있던 것을 해체시켰을 뿐인데.

빵은 다시

밀가루, 우유, 계란, 소금, 이스트, 설탕으로 분해하였다. 빵이 없어졌다.

밀가루는 다시

햇빛, 공기, 물, 바람으로. 밀가루가 없어졌다.

마요네즈는 다시

계란, 기름, 식초, 소금으로. 마요네즈가 없어졌다. 남아 있는 것들도 모두 분해하였다.

물은 수소, 산소, 더 작게, 더 작게 분해하였다.

분자, 원자, 소립자…… 부분이라는 걸 가질 수 없는 어느 점까지.

ㅃ+ㅏ+ㅇ = 빵. 아하! 세종대왕님도 혹시 이 빵 뽕 뿡 놀이를 하다가 한글창제의 아이디어가 섬광처럼 떠오른 건 아니셨는지 여쭈어보고 싶다는 생각이 들었다.

"이 샌드위치는 몸속에 들어와 피가 되고 살이 된다고 했지? 살이 된 빵은 이선정이라 불리고, 밖으로 나온 빵은 똥이라 불리고? 내가 아니었던 것들이 내가 되고, 또 나였던 것들이 내가 아닌 게 되고?"

"애초에 경계가 있을 수 없는 것에 경계를 나누니 어지러워진 거지. 존재라고 하는 모든 것은 조합의 방법과 조건의 작용에 따라 모양과 성질이 다르게 보일 뿐이고, 기능과 쓰임새가 달라지다 보니 이름이 다르게 되었을 뿐이었는데."

"……."

아직 남아 있는 따뜻한 우유가 목젖을 따라 흘러내려 감을 음미하다가 문득 '같은 물을 마셔도 소는 우유를 만들고 뱀은 독을 만든다'라는 말이 생각났다.

"그래 맞아. 소는 우리에게 이로운 것을 많이 주니 좋은 동물이 되고, 뱀은 우리의 생명을 위협하는 독을 가지고 있으니 나쁜 동물이 된 거였군. 그래서 사람을 유혹하여 에덴으로부터 쫓겨나게 한 원죄의 주범으로 만들어 버리기까지 했네."

선정은 뱀이 무섭고 싫기만 했던 자신의 생각이 어떻게 만들어져 갖게 된 생각인지 들여다보면서 뱀에게 슬며시 미안한 감정이 일어났다.

"뱀에게 독이란 자신을 위험으로부터 지키고 보호하는, 없어서는 안 되는 소중한 보물이었네. 소나 우리 인간은 한강에 있는 물을 다 퍼 마셔도 만들어낼 수 없는 물질인 것을."

"하하, 그동안 미워한 뱀에게 사죄라도 하려는 변호야?"

"증오를 방어의 무기로 삼는 우리 인간의 무기보다 훨씬 덜 치사해 보이기까지 하는 걸."

"뱀이나 사람이나 모든 생물은 생존을 위해 대상을 자신의 이익에 따라 가치매김할 수밖에 없기에 미안하다 할 것도 치사하다 할 것도 없는 거지. 진달래는 먹을 수 있는 꽃이기에 참

꽃이 되고, 철쭉은 먹을 수 없는 꽃이기에 개꽃이라고 부르게 된 것일 뿐."

"그래서 우리에게 약이 되는 풀은 귀한 약초가 되고 독이 되는 풀은 독초, 약도 독도 아닌 것은 잡초로 불리게 된 것이구면."

"그러니까 그것들의 이름이나 가치가 절대적이라거나 진실이라고 믿지 말라는 거지."

"객관적이고 이성적이라는 개념 자체가 성립될 수 없다는 이야기네. 상당히 어이가 없어져 웃음밖에 안 나오는 걸. 하하."

한동안 멍해진 선정은 화분 가장자리의 작은 개미가 자기 몸집보다 큰 빵 부스러기를 물고 가는 모습을 바라보다가 중얼거렸다.

"아빠개미겠지? 저건 며칠 치 식량일까? 참 부지런히도 가고 있네."

새삼 안쓰러워 보이기까지 하였다.

"왜 쟤가 아빠개미이고 부지런히 가고 있다고 생각했을까? 우리 사회의 가장이 아빠이고, 이솝이 동화에서 들려준 개미의 캐릭터가 부지런하기에 그대로 입력시켜 생각하고 말하게 된 거지?"

"그렇군. 아무 의심 없이 어른들이 가르쳐준 말을 배우고 익혀서 생각하고 말하기까지······."

선정의 시선이 뜨거웠는지 개미는 그만 미끄러져 떨어졌다. 어쩐지 빵 부스러기가 몸집보다 크다 생각했는데 일이 벌어진 것이다. 선정은 개미를 살짝 들어 올려 다시 화분 안으로 빵과 함께 넣어 주었다.

"작은 개미와 큰 빵, 부지런함과 게으름, 뜨거움과 차가움······ 이 분별들의 기준은 과연 얼마만큼이나 실체를 정확히 표현하고 설명할 수 있을까?"

"이제 그런 정도의 물음은 안 할 수 있지 않아? 우리가 인지하는 개념들이나 사용하는 언어들은 단지 의사소통을 위해 만들어진, 우리가 물물교환 대신 사용하는 화폐와 같은 거지. 얼음은 차가운 성질, 불은 뜨거운 성질을 갖고 있다고 말하지만 '차갑다'와 '뜨겁다'는 인간의 감각이지 얼음이나 불 자체의 고유의 성질은 아닌 거니까."

"얼음이나 불 자체의 고유의 성질이 아니라? 휴! 아직 그 사고 안으로 들어가기엔 길이 먼 것 같구나. 얼음은 손이 시립도록 차갑고 불은 상처 입을 정도로 뜨겁다는 생각이 너무 강하게 박혀 있다 보니 전환이 빨리빨리 안 되네. '차갑다'와 '뜨겁다'는 인간이 느끼는 감각의 차이를 말한 것이란 말이지?"

"그동안 습관적으로 사고하고 봐왔던 것이 그렇게 하루아침에 전환되어 가긴 쉽지 않을 거야. 하지만 이제 걸음마를 시작

했으니 조급한 마음 갖지 말고 찬찬히 접근해 걸어가 봐. 다르다는 말조차도 상당히 개념적으로 통용되지만 어쨌든 소통의 기본이 언어이다 보니 어쩔 수 없지. 우리는 그저 언어를 효율적이고 편리한 도구로 생각하면서 사용하면 되는 거지. 언어에 휘둘리거나 그 함정에 빠지지 않고."

"언어라는 거 참 약도 되지만 독도 되는 양날의 칼인 거 같아. 요리사의 칼은 맛있는 음식을 만들고, 의사의 칼은 생명을 살리고, 살인자의 칼은 생명을 죽이는 거 같이."

"그러니까 우리가 그냥 아무 생각 없이 쓰는 것과 언어의 무게와 한계를 바로 보며 도구로 쓰는 것은 다르겠지. 이름에 머물거나 끌려다니지 않고, 되도록이면 그저 많은 생명체들에게 이익이 되고 편안함을 선으로 하는 삶을 살아가면 좋겠지. 엄밀히 말하면 '맞다/틀리다'라거나, '가치 있다/없다'라거나, '이건 선이다/저건 악이다'라고 말할 수 있는 건 없지만."

"응? 그건 또 무슨 소리야? 단지 성질이 다른 것에다가 가치의 많고 적음이나 높고 낮음을 말하면 안 되겠지만 선과 악의 기준은 분명히 있는 것 같은데? 또 있어야 하고. 만약 그것이 없다면 살인하고 그래도 나쁜 것이 아니라고 말해 버리면 어떡해."

"사실 우리는 매일같이 뭔가를 죽여가면서 살아가고 있는 건데?"

"뭔 소리야. 말만 들어도 끔찍하네."

"네가 지금 이렇게 생각하고 말하고 느끼고 움직이며 살아갈 수 있는 에너지는 다 어디로부터 나오는 거지?"

"아아, 음식 말하는 거구나? 고기, 생선, 이런 살생 말이지? 뭐, 쫌 말하기 웃기긴 한데, 딱히 채식주의자는 아니지만 난 거의 안 먹는 편이야. 하긴 야채들도 밥도 모두 생물이긴 하니까 살생을 안 했다고 할 순 없다만."

"음식뿐만 아니라 단 1분도 멈출 수 없는 들숨 날숨 속에, 또 마시지 않으면 안 되는 물속에도 수없이 많은 미생물들이 있지. 그것들은 눈에 보이지도 않을 뿐더러 우리의 세포분열에 도움을 주어 다른 생명활동을 연속시키니까 살생의 경계에서 어물쩍 넘어가도 되는 걸까?"

"으으으으음 야아, 뭐 그렇게까지……."

"또 조국을 위하여 전쟁터에 나간 장군은 적군의 병사를 많이 죽이면 죽일수록 위대하게 되지? 살인을 많이 하면 할수록 영웅이 되는 거야. 살인으로 인해 죽게 된 사람이 유관순이나 독립군을 괴롭힌 악랄한 일본군이라면 우리는 아마도 그 살인에 박수를 치고 좋아라 하지 않았겠어? 그건 선이라고 해야 할까, 악이라고 해야 할까? 우리가 세워 놓은 가치의 기준은 지극히 상대적이기 때문에 우리가 쓰는 언어처럼 필요에 의해서 사용하긴 하지만 절대적인 진리는 될 수 없다는 소릴 하는 거야. 이렇게 우리가 있다고 하는 모든 존재나 일어나는 현상들은 그것들을 있게 하고 일어나게 하는 작용만 있을 뿐이니까 그 작용이 나쁘다, 좋다 라고 말할 순 없다는 거지. 온도가 내려가서 물이 어는 이치를 나쁘다, 좋다 라고 말할 수 없는 거잖아? 아이스크림 장수는 그것들이 얼어 있으면 좋은 일이라 할 테고 녹아버리면 나쁜 일이라고 할 테니 그것은 자기 마음의 좋고 나쁨을 말하는 것이란 거지. 바이러스가 우리 몸에 들어가서 염증을 만들어 열이 난다는 이치도, 또 칼에 베여서 피가 난다는 이치도 그냥 일어날 일인 거지 나쁜 일은 아닌 거지."

"아니 열이 나고 피가 나는데 그게 어떻게 나쁜 일이 아니라는 거야."

"바이러스는 바이러스가 성해질 수 있는 환경과 조건을 만나서 열을 낸 것뿐이고, 칼은 베어질 수 있는 대상을 만나 그렇게 작용한 것뿐이라는 거지. 바이러스나 칼이 바위나 쇠붙이를 만났어도 열을 내고 피를 내진 않았을 테니 말이야. 그러니 좋다, 나쁘다는 다 내 마음이 만들어내고 있다는 이야기야."

"재주 많은 화가가 여러 모습으로 시시때때 그려 놓은 감각들의 모습이 마음이라고 한 원효대사의 일체유심조一切唯心造, 그거 말하는 거니?"

"응, 아주 아주 중요한 통찰의 말씀이지. 우리가 바로보기를 하는 데 핵심이 되는."

"원효대사가 당나라 유학길에 한밤중 동굴에서 자게 되는데, 자다가 마신 물이 달고 시원했다가 아침에 그 물이 해골에 고인 물이었고 자기가 편안하게 잔 곳이 무덤이었다는 사실을 알게 되는 순간 구토와 복통으로 힘들어지면서 마음이 만들어내는 괴로움을 보게 되어 하신 말씀이라는 거 맞지?"

"그렇지."

"의미심장한 그 말에 나도 깊이 공감하여 힘든 상황이 왔을 때 그 말을 떠올리며 마음을 가라앉혀 보려고 애써봤는데 그게 너무 힘들더라고. 어떤 갈등이 일어나면 사건의 크고 작음을 떠나서 일단 화부터 나게 되고 이내 분노에 압도당한 몸만 남아서 가라앉힐 마음이고 방법이고는 보이질 않으니 말이야. 원수를 사랑하고 일곱 번씩 일흔 번이라도 용서하라는 가르침은 완전 외계인의 헛소리가 되는 거야. 원수는 고사하고 가족이나 나 스스로에 대한 용서조차도 한참 동안 마음을 다잡고 다스리고 누르고 해야 간신히 진정되는 나를 보면서 드는 생각은 '나는 형편없는 밴댕이 소갈딱지거나 의지가 약한 아이인가 봐'라는 자책이란 말이지. 그러다가 또 아무리 생각해도 내가 잘못한 것 같지 않으면 불쑥 억울한 생각이 들면서 '분명히 누가 봐도 상대가 잘못하고 나쁜 일을 했으니 화가 난 거지. 내가 특별히 못되거나 터무니없이 그러는 게 아니잖아'라면서 '해골의 물'에게도 괴로워진 마음의 혐의를 물어야 하지 않을까란 합리화를 하게 되더라구."

"하하, 무슨 말이 하고 싶은지 알겠는데, 그럼 화는 도대체 왜 나는지부터 들여다보자. 화는 언제부터 있던 걸까. 엄마 뱃속에서도 화나고 기분 나쁜 건 있었겠지? 하지만 우리는 지금 여기에 사는 사람들이니까 그건 접어두기로 하고, 우리가 말하는 이 세상을 살아가면서 일어나는 괴로움을 들여다보자. 인간들은 태어나면서부터 생존을 위해 필수적인 욕구들과 함께 살아가지. 먹고 마시고 자고 번식해야 하는 등의 본능적·생리적인 욕구와 또 사회적 장치들을 유지시키기 위해 출세하고 인정받고 사랑받고 돈을 많이 가져야 하는 등의 사회적인 욕구와 함께 삶의 모든 몸짓은 그 욕구들을 충족시키기 위한 움직임들인 것이고, 근데 그 욕구라는 것은 불가피하게 분별을 동반하여 취하게 되지. 나 / 나 아닌 것, 내 것 / 네 것, 내 가족 / 네 가족, 좋은 것 / 나쁜 것, 옳은 것 / 그른 것, 아름다운 것 / 추한 것 등."

"그럴 수밖에 없는 거 아냐? 그 욕구는 목적이 있으니 그 목적에 맞는 대상을 잘 분별하여 취해야 하니까."

"그렇지, 욕구는 에너지의 원천이지. 욕구가 나쁘다는 게 아니라 욕구가 불러들인 분별이 문제인 거지. 이 분별은 각자의 경험으로 가정, 학교, 사회, 국가에서 우리에게 갖춰지도록 의도적으로 교육되고, 그렇게 선택된 인위적인 정보를 바탕으로 매우 주관적이며 공정하지 못한 가치매김을 할 수밖에 없게 되는데, 이렇게 만들어낸 편견에 차별을 더하고, 그러다 보니 자기본위 멋대로의 해석까지 하게 되어 더더욱 진실과 멀어지는 거지. 무덤은 그저 죽은 자를 묻은 땅이고, 해골의 물은 살이 썩어 된 물이든 비가 고여 담겨진 물이든 그저 그렇게 될 조건들이 만나서 일어난 일일 뿐인데 우리가 거기에 온갖 억측과 이야기를 만들어 피해야 하는 혐오의 대상으로 만든 것처럼."

"엥? 아까 네가 말한 살인이나 바이러스에 대한 생각과 비슷한 말이 되나? 아직 그 말도 정리가 잘 안 되고 있는데. 이젠 무덤이나 해골까지 그냥 그런 것일 뿐이라고? 생각만 해도 으스스하고 소름끼치는데."

"만약 네가 아무런 편견도 분별도 없는 어린아이라면 해골로 소꿉놀이도 하고 발차기도 하며 무덤이 재미있는 놀이터가 될 수도 있지 않았을까? 또 무덤가에서 하룻밤을 자고 나면 큰 행운이 온다거나 해골의 물은 불치의 병을 낫게 하는 기적의 물이라고 분별되어 있었다면 사람들은 서로 무덤을 차지하려고 싸우고 난리가 나겠지. 그리고 그곳에 많은 사람들이 몰리고 집착이 더해지면 자연스레 장사꾼이나 사이비 교주도 만들어질 테고 말이야. 그들은 지름 몇 센티미터 크기의 해골의 물이 더 효험 있다, 며칠 더 묵은 물이 더 효험 있다, 또는 해골에 백일기도를 올리면 더 좋다, 값을 더 많이 치르면 더 좋다, 뭐 이런 온갖 허무맹랑한 말을 만들어내면서 탐욕의 배를 키워 가겠지. 그러니까 으스스하게 만든 게 무덤이나 해골일까, 아니면 네 마음일까? 이래도 해골의 물에게 혐의를 물을 수 있을까?"

"휴!"

"우리의 마음이 만들어내는 시선에 대한 이야기로『능엄경』엔 일수사견一水四見이란 구절도 있는데 '물은 사람에게는 마실 수 있는 음식으로 보이고, 물고기에게는 살 수 있는 집으로 보이고, 천신에게는 아름다운 보석으로 보이고, 아귀에게는 고름으로 보인다'는 말씀이지. 타국에서 돌아온 독립군에게 고향의 작은 동산은 그랜드캐니언의 웅장한 협곡보다도 더 감동적이고 웅장한 산으로 보이지 않겠니?"

"그렇겠지."

"부모는 자녀들이 자기의 욕심대로 잘 자라고 있을 때 착한 아이라 말하고, 사랑하는 연인이 자기가 생각한 대로 행동하지 않으면 배신했다고 하거나 변했다고 하며 싸우고, 부자나 고학력자의 자기낮춤은 겸손으로 해석하고, 약자의 자기낮춤은 비굴로 바라보기도 하고, 이렇게 우리의 모든 견해가 분별의 편견을 덮어씌워 보는 오류투성이건만 그 가치를 마치 아주 오래전부터 지켜져 내려오는 절대적 가치로 알고 맹목적인 의지로 집착하여 계속 쫓아가면서 지금보다 '더 많이, 더 빨리, 더 큰'이라는 '더'의 이름이 붙여진 차별의 바다에서 허우적거리게 된단 말이야. 그러다 보니 조급해지고, 조급해짐은 두려움을 낳고, 두려움은 분노를 낳아서 급기야는 그 과욕을 연료로 괴로움을 만들어내고 자연스러운 평화와 멀어지면서 차츰 행복을 찾는 강박자들이 되어 가는 거지. 행복은 느끼고 누리는, 그러니까 불행하지 않은 상태를 나타내는 형용사인 것이지 찾아야 하는 명사는 아니거든."

"근데 있잖니, 굳이 행복을 찾는 강박자가 될 수밖에 없게 된 변명을 해보자면, 흔히들 행복을 찾는 해법으로 '네가 좋아하는 일을 해라, 가슴 뛰는 일을 해라, 긍정적인 생각을 가지고 적극적으로 해라'였거든. 근데 어떤 것이 취해지고 이루어지면 더 이상 소원이 없을 것 같던 가슴 뛰는 일이나 간절한 바람들도 언젠가는 가슴 뛰기 유효기간의 한계점과 만나게 되더라구. 물론 유효기간의 길고 짧은 차이는 있지만. 그러다 보니 '이게 아니었나?' '방법이 틀렸었나?' 하며 또 여기저기 기웃거리게 되고, 다시 한번 긍정적인 생각을 가지고 도전하기를 하다 보니 강박적으로 되어 갈 수밖에 없던 거 같아."

"가슴 뛰는 일이나 간절한 바람의 성취에 대한 설정을 잘못 잡았을 뿐 아니라 그것들의 속성을 간과했기 때문이지."

"……."

"마당에 핀 장미가 예뻐서 영원히 그 모양과 향기를 내며 있어 주기를 바라거나, 흘러가는 세월을 잡아 젊음이 계속되는 행복함을 누려보려 하지만 그럴 수 없잖아. 달려가는 기차를 잡아두려니 괴로워질 수밖에. 나는 단지 좋아하는 걸 취하려 했을 뿐이라 말하지만, 좋아한다는 것은 그것 아닌 걸 싫어한다는 말이잖아. 그런데 들숨과 날숨, 동전의 앞면과 뒷면, 빛과 그림자, 섭취와 배설, 태움과 연기처럼, 꽃이 핌은 꽃이 짐과 함께하고 젊음은 늙음과 함께하는 떼려야 뗄 수 없는 필연적인 짝꿍인 걸. 들숨만 좋다고 들숨만 쉴 수도, 앞면이 좋다고 앞면만 가질 수도, 그림자나 연기가 싫다고 그림자나 연기를 없앨 수도 없는 거잖아. 그럼에도 불구하고 좋은 느낌의 그것은 지속적이고 더 많아지길 바라며 그것만 취하려 한다거나 싫은 느낌의 그것은 사라지고 없어지기를 바라는 이치에 맞지 않는 설정이 잘못되었으니 괴롭게 될 수밖에 없는 거지. 또 그런 욕망들은 쉽게 허기를 느끼면서 집착으로 이름을 바꿔 본격적으로 우리를 채찍질하는 속성이 있거든. 이 집착으로 우왕좌왕하는 사이 비대해진 탐욕은 주인의 자리를 담보로 거래하기를 원하고, 우리는 얼떨결에 탐욕에게 주인의 자리를 내어주는 상황이 되어 그의 노예로 휘둘리며 괴로움의 굴레에서 내려올 수 없게 되는 거란 말이지."

"그랬구나. 맞아. 그런 거였어. 무턱대고 좋아하는 일을 해라, 가슴 뛰는 일을 해라, 긍정적 생각으로 적극적으로 하는 것만이 근본적인 해법은 아니었군."

"지금까지 우리에게 느껴지는 절대 변할 것 같지 않던 감정, 생각, 의지들이 모두 이것과 저것의 만남에 의해 일어나고 변해 가고 사라져 가는 것이기에 고정불변의 것이 아님을 살펴보았잖아. 그러니까 좋아하는 일, 가슴 뛰는 일이란 것이 따로 정해져 있을 수 없는 거지. 내가 좋아하는 일, 가슴 뛰는 일이라 생각했던 건 그 일이 내게 이롭거나 내가 생각한대로의 결과를 가져왔을 때의 나의 감정이지 일 자체가 가지고 있는 속성은 아니잖아. 만약 악기연주나 요리하기, 그림 그리기가 내가 좋아하는 일이라 했는데 내가 원하는 대로의 소리나 맛이나 그림이 나오지 않고 실패가 반복되어도 그 일이 내가 좋아하는 일이 될 수 있었을까? 어쩌면 오히려 바라는 바가 컸기에 다른 일보다 더 실망하고 화가 나고 싫어하는 일이 될 수도 있었겠지. 그렇게 일 자체는 아무런 성질을 갖고 있지 않은데 그 일을 하면서 일어나고 있는 나의 느낌만으로 좋아하는 일, 가슴 뛰는 일을 규정지었을 뿐이잖아. 그러니까 행복이 찾아야 하는 명사가 아니듯 좋아하는 일, 가슴 뛰는 일 역시 고정되어 있는 명사가 아니라 동사적으로 해석되는 행위가 돼야겠지. 어떠한 일이든 자기의 느낌이나 선입견이 앞선 뒤에 마음을 내는 것이 아니라 응당히 머무는 바 없이 마음을 낸 행위를 할 뿐이어야 하는 거지. 그렇게 되면 동전의 태움과 연기, 빛과 그림자도 당연한 것으로 받아들여지게 되면서 자연히 어느 한 쪽을 더 취하려거나 없애려거나 하는 욕심도 없어지고 긍정적 감정이나 적극적 행위가 의도적으로 애써 만들어내지 않아도 저절로 되겠지. 잠이 쏟아지거나 배가 몹시 고프거나 숨이 막혀 답답할 때 저절로 자고 먹고 숨 쉬고 하는 것처럼 말이야. 그때 비로소 강박적인 행복 찾기가 그쳐지고 자연스러운 평안을 얻을 수 있게 되는 거고."

"설정의 오류와 속성에 대한 무지의 마음이 우리의 괴로움도 즐거움도 만들어내니 그 마음이라는 놈을 찾아서 고삐를 탁 잡을 수 있으면 만사 오케이겠네. 그 마음이란 놈, 한번 추적해 보고 싶은 걸. 이놈 잡히기만 해 봐라."

괴로움을 검거할 수 있는 길이 머지않은 듯 선정은 빠르게 뇌를 가동시켰다. 뭔가 흥분된 기분이 들며 심장이 빠르게 뛰어가는 것 같았다.

"이것 봐. 우리 마음이 위기감을 느끼고 불안해지면 혈관이 수축하고 이완하는 유연성이 떨어져 몸이 마음대로 되지 않으면서 더욱더 긴장되고 경직되잖아. 그러면 피의 순환이 원활하지 않아 심장이나 뇌로 가는 혈액의 공급이 급 감소하여 숨이 짧아지고 가빠지면서 가슴에 압박을 느껴 아프게 되니, 마음이 있는 곳이 가슴인가? 아니면 뒷목이 땅기고 혈압이 올라 멍해지니 뒷목부분인가? 점차 고통의 크기가 커지면서 더 더욱 불안이 커지게 되면 심장이 두근두근 뛰니 갈비뼈 속 심장인가? 아니면 숨이 가빠지고 답답해지니 숨을 쉬는 허파인가? 아니면 이 모든 작동을 지시하는 뇌가 있는 곳이 마음자리인가?"

"하하하. 의학지식 총출동하는 거야? 사실 지금까지 얘기한 게 모두 마음의 재료들과 만들어지는 원리에 대해 이야기한 거였는데."

"아직도 가닥이 잘 잡히질 않아서 답답해."

"옛날에 혜가가 달마대사를 찾아와서 불안한 자기의 마음 좀 소멸시켜 주십사고 간절히 원하자 대사가 대뜸 '그 불안한 마음을 찾아서 내게 내어 놓으면 없애주마' 했다는 일화가 떠오르네."

"그래서 어떻게 됐대? 찾아서 내놓았어?"

"하하하. 없는 걸 어찌 내놓을 수 있겠어. 혜가는 바로 그 자리에서 마음 없음의 큰 깨달음을 얻게 되었던 거지."

"그래? 근데 난 아직도 모든 게 알쏭달쏭하니 혜가 흉내를 낼 수도 없고 어쩌지?"

"마음은 눈, 코, 귀, 입 이런 것처럼 우리가 태어날 때부터 모양이 만들어져서 나오는 것이 아니잖아? 정말 많은 재료로 시시때때로 매일 만들어지고 있는 거지. 인류가 생존하면서 수

십만 년 동안 습득된 수많은 경험에 대한 인식들이 새겨져 있는 유전형질과 함께 우리의 몸과 생각이 생후 우리가 접한 조건들과 만나서 보고, 듣고, 맛보고, 냄새 맡고, 만지고 하면서 얻어진 느낌, 생각, 감정, 의식이 쌓이고 사라지고를 반복하면서 취해진 것이니까. 그래서 마음은 이 세상의 생물체 숫자만큼이나 많고 다를 수밖에 없지. 생물체의 종류에 따라서 각각의 환경이 다르고 경험을 받아들이는 능력치가 다르니까. 바다에 사는 상어나 고래에게 바닷물은 우리처럼 뱉고 싶은 짠 소금물이 아닐 테니 물고기는 물고기마음, 사자는 사자마음, 인간은 인간마음, 하루살이는 하루살이마음, 다 다를 수밖에. 그리고 그것들은 고정되어 있지 않고 지금도 쉴 새 없이 계속 변하고 있는 중이니 실은 마음이 있다고 할 수가 없는 거지. 그래서 갈대라든지 변덕쟁이라든지 하는 별명들도 생긴 것일 테고. 아기 때는 울다가도 엄마젖을 보면 울음을 그치고 좋아하다가 몇 년 후만 되어도 언제 봤냐는 듯 무심해지게 되듯 말이야. 이렇게 마음이라는 것 자체가 우리가 만들어낸 공한 것이라는 걸 알기만 한다면 간단한데, 너무 오랫동안 우리가 취해왔던 사유방식의 습관에서 빠져나오기가 그리 쉽지가 않으니 안타까운 일이야.”

“근. 데. 에. 어차피 우리의 감각능력은 전체를 완벽하게 볼 수 있는 존재들이 아니기 때문에 아무리 바로 본다 한들 장님

코끼리 만지듯 자기에게 유익하고 이로운 한쪽으로의 편견을 가질 수밖에 없는 게 필연적인 거 같다는 생각이 들어."

"그러니까 우리가 이 밝지 못함의 어두워진 눈으로 보이고 만들어진 참 실체가 아닌 것에 가치를 두는 어리석음에다가 욕심을 내고 욕심대로 안 되면 괴로워하지 말자는 거지. '참 실체는 볼 수 없다'는 그걸 바로 보자는 거야. 바로만 볼 수 있게 되면 저절로 분별을 갖지 않게 되고, 그러면 또 저절로 취하려 하거나 없애려 하는 욕심도 내지 않게 되어 괴로움에서 벗어날 수 있게 될 텐데 말이야. 뭐 처음부터 있지도 않은 지어진 괴로움이었기에 벗어난다는 말조차 우습기도 하다만."

"음, 딱히 마음이라고 부를 것도 없는, 그래서 처음부터 있지도 않은 괴로움이라. 마음에 대한 우리의 생각들, 어찌 보면 뭐 그다지 특별하지도 고약하지도 않은, 별거 아닌 거 같은데 거기서 일체의 만물이며 희로애락이 다 만들어진다니 소화하기가 참으로 벅차군."

"아까 칼이나 바이러스 그 자체의 속성에 좋고 나쁨이 없듯이 마음 역시 자체의 좋고 나쁨은 있을 수 없잖아? 마음을 쓰는 주체들인 우리가 어떻게 사용하느냐에 따라 그때그때 괴로움도 되고 기쁨도 되고 하면서 다르게 만들어지는 것일 뿐이니까. 그리고 바로 그 지어낸 마음이 내 행동의 주인이 되니까 말이지. 별거 아닌 거 같은 생각도 들지 모르지만 사실은 너무

나도 별거라고 볼 수 있는 거지."

"그래. 보이지도 않고 있다고도 할 수 없고 수시로 변하고 있지만 어쨌든 시시때때 써야 하는 마음이니 마음을 잘 써야 할 텐데, 어떻게 쓰는 게 잘 쓰는 걸까. 뭐, 받아들이는 건 어차피 듣는 사람의 몫이니 그래도 얘기나 해 보자. 우리가 새로 구입한 어떤 제품을 쓸 때 그것의 성질을 알아 매뉴얼에 따라 써야 오래도 쓰고 유익하게 잘 활용할 수 있게 되는 거와 같을 테니까."

"그러니까 누차 얘기하고 또 얘기했지만 제일 먼저 바로보기를 잘해야 하는 거지. 우리에게 좋음이나 싫음을 주는 일체 모든 사물이나 사람, 생각, 느낌, 의식들이 혼자 일어남 없이 서로의 인연에 의해 영향을 주고받음 속에 일어나며 쉼 없이 변화하고 있기에 딱히 실체라고 할 것이 없다는 바로보기 말이야. 그 바로보기에서 비롯된 바른 견해, 바른 의식을 가지고 바른 언어와 행동이 습관이 되도록 바르게 정신을 모으고 살아가고자 마음을 쓰면 되는 거지. 늘 깨어서 자신을 돌아보며 바로보기를 놓치지 않는 것으로 일체 모든 우주 만물이 나 아닌 것이 없음을 깨달아 나에게만 이로운 일이 아닌, 나와 남이 함께 이로운 자비로운 삶으로 살아갈 수 있게 되는 길인 거지."

"잠깐, 잠깐. 근데 듣다 보니까 바른 생각, 바른 행동, 이런 말들에서 '바른'의 기준이 조금 애매해지는 걸. 아까 내가 이해하기로는 모든 게 상대적이어서 내겐 좋은 일이지만 상대에겐 나쁜 일이 될 수 있기에 딱히 선과 악이라는 게 구별될 수 없다고 이해를 했거든. 하물며 살생이나 도둑질조차도 누구에겐 좋은 일이 되고 누구에겐 슬픈 일이 되니까 말이야."

"그래, 그래서 더더욱 바로보기가 먼저 되어야 하는 거지. 어리석음으로 바른 견해를 갖지 못하게 되면 거짓말로 남을 속이고, 이간질로 음해하거나 탐욕이 일어나서 터무니없는 살생이나 도둑질 같은 행위를 함으로써 모두를 괴로움에 빠뜨리게 되기 때문이야. 지금까지 구구절절 여러 차례 우리가 보고 듣고 냄새 맡고 맛보고 의식하는 일체의 모든 것이 콕 집어 정의할 수 없는 거울 속의 허상들이며 우리가 만들어낸 세상일 뿐이라는 것을 들여다봤잖아?"

"응, 어느 정도는 이해가 가는 것 같기도 한데…… 아직은……."

"그러니까 참 실체가 아닌 것들을 두고 이것이 절대 옳다, 좋다, 이롭다는 견해나, 저것이 절대 틀리다, 나쁘다, 해롭다는 치우친 견해에 집착하여 탐욕으로 일어난 행위가 아닌 것이 '바른'이 되는 거지. 지금 내가 원하여 이루어진 일이 나중에 화를 불러올 수도 있고, 또 나의 뜻과 어긋났던 일이 다른 기회를 만나 나중엔 더 큰 이로움을 가져다주는 경우도 많고 말이야."

"새옹지마 이야기 같은? 음, 근데… 그럼 좋은 거 나쁜 거도 없고, 이로운 거 해로운 거도 없고, 그러다 보면 어떤 일을 성취하려는 의욕도 열정도 없어져서 욕망 자체가 부정당하는 것과 다를 바 없지 않겠어?"

"네 말대로 욕망 자체가 부정되는 건 숨쉬기나 물 마시기도 살생이니 아무것도 하지 말라는 것과 같은 어불성설이 되겠지. 계속 반복해서 같은 이야기를 할 수밖에 없게 되는데, 바로 보기 전과 후의 삶이 겉으로 보기엔 예전과 똑같이 이름을 짓고 말하고 소통하며 일을 하고 살아가지만, 집착함이 없기에 강물이 어느 지점에도 머물지 않고 흘러가고 구름이 어느 하늘에도 머물지 않고 흘러가듯 일어나고 사라지는 그 어느 것에도 머물지 않는 마음으로 치우침이 없이 살아가는 거지. 그러기에 훨씬 가벼워진 마음으로 기꺼이 타인과 마음을 열고 나누면서 관계 맺을 수 있게 되어 모든 상황을 진정으로 즐기면서 살아갈 수 있게 된다는 거야. 이겨도 즐겁고 져도 즐거워 승패에 목숨 걸지 않지만 뛸 때는 신나게 땀 흘리는 친선게임 같이 말이야. 그러면 무엇이든 더 의욕적이고 열정적으로 하게 되니 저절로 신이 나서 매 순간순간이 감동과 감사로 충만한 삶을 살아갈 수 있게 되겠지. 바로 그 삶이 나와 남이 함께 이로운 자리이타의 삶으로 진정한 천국이 될 수 있는 거구. 물

168

론 지금까지의 습관 때문에 지속적인 훈련이 필요하겠지만.”

“집착으로 머묾이 없이 마음을 내는 훈련이라…….”

“마치 서핑보드를 타는 사람이 ‘파동이나 바람은 쉼 없이 변화하고 있기에 같은 즐거움이 지속될 수 없다’는 사실과 어느 지점에도 나의 탐욕이 개입되어 머물 수 없다는 자연의 이치를 잘 들여다보고 마음을 내는 훈련, 그래서 이 훈련이 잘 되면 단지 올라갈 때 올라감을 즐기고 내려갈 때 내려감을 즐기며 수시로 다른 즐거움으로 풍부해질 수 있는 거지.”

“음, 욕심이 일어나 괴로워질 때마다 바로보기의 칼을 무기로 들어 잘라 버리는 것도 방법이 될 수 있겠군.”

“하하, 바로보기란 괴로움의 실체 없음을 보게 되는 건데, 그러면 뭐 자를 것도 없지 않겠어?”

“그러네. 아, 올챙이가 생각나.”

“올챙이?”

“응, 지난여름에 유빈이가 냇가에서 가져온 올챙이에 무척 애정을 갖고 매일 밥도 주고 좋아하며 애지중지 기르고 있었거든. 근데 유빈이가 반복되는 장염 때문에 조금 오랫동안 병원에 입원했다가 나오게 된 거야. 병원에 있으면서도 올챙이의 안부를 묻곤 할 정도로 애정이 깊었는데, 퇴원하고 돌아와 본 어항엔 이미 개구리가 된 애들만 펄떡이고 있는 걸 보자 자기가 사랑하는 올챙이가 없어졌다며 언니가 가져간 것 같다고 언니 거를 뺏으려 소란을 피우다가 어항이 깨지고, 자기 생각대로 안 되니까 떼를 쓰고 펑펑 울어서 어른들이 설명하고 달래느라고 진땀 뺀 일이 있었거든. 네 말을 듣다 보니까 사람들이 바로보기가 안 되어서 집착하고 욕심을 부리고 괴롭게 되기까지의 모든 과정을 유빈이가 보여주고 있었구나 라는 생각이 드네. 유빈이는 자기가 애착하고 있던 올챙이가 언제까지 변치 않는 고정된 그 모습일 뿐더러 자기가 가져왔으니 자기의 소유물이라고 철석같이 믿고 있었는데 사라지고 없어졌으니 화가 나고 다시 찾아야 한다는 집착 때문에 욕심을 부리게 되어서 그토록 괴로워졌던 거 아냐? 올챙이에서 점차 뒷다리가 나오고 앞다리가 나오는 것을 실제로 옆에서 바로 볼 수 있었다면 올챙이가 없어졌다고 울 일도, 언니가 뺏어갔다는 억측도, 또 언니 걸 뺏으려는 탐욕도 괴로움도 없었을 테니 말이야."

"그렇지. 본래 올챙이나 개구리의 변화 속에 괴로움을 주는 속성이 있기에 괴로워진 것이 아니고 유빈이가 만들어낸 분별과 집착이 괴로움을 일으켰던 거지."

"그래서 네가 애초에 있지도 않은 괴로움이라고 말했던 거군. 유빈이가 좀 더 커서 올챙이 사라짐의 비밀과 만나게 된다면 얼마나 우스울까. 그래서 예수가 먼저 하나님의 나라와 그 나라를 바로 보는 의를 구해야 한다는 거였네."

"와우, 진짜 개구리는 여기 있었는 걸."

"학생!"
"학생!"
선정을 부르는 소리였다
"이제 그만 문 닫을 시간이라서."
샌드위치 한 개를 놓고 여학생 혼자서 두 시간 넘게 앉아 있다는 건 필시 실연을 당했거나, 바람을 맞았거나, 시험을 망쳤거나, 약간 정신이 이상한 학생일 것이라고 생각하는 느낌이 드는 시선이었다. 그러고 보니 빈 테이블이 없던 빵집에 어느새 사람이 하나도 남아 있질 않았다. 이 공간과 안 어울리게 크다고 생각했던 괘종시계는 열 시를 가리키고 있었다.
"아, 예. 알겠습니다."

빵집에 들어갈 때보다 많이 여유로워진 거리 위로 차들이 빠르게 달리고 있었다. 늦은 시간이라 버스에 사람이 없기를 기대했는데 생각보다 많았다. 이 덩치 큰 버스가 많은 사람의 무게를 싣고 달려간다는 것도, 또 단돈 몇 백 원을 주고 이걸 이용하여 집에 갈 수 있다는 것도 새삼 신기하고 감사하다는 생각이 들었다.
"만약 조선시대의 사람들이 이 버스를 봤다면 어떤 생각이 들었을까?"

"아마도 괴물이 나타났다고 무서워서 멀리 도망갔을지도 모르지."

"우리가 지식이라고 생각하고 되도록 많이 머릿속에 집어넣으려 하는 것들도 결국은 다 이름과 개념이라는 형태로 덩어리를 불려나가는 것들 아냐?"

"그렇지. 빵이나 자동차를 실물로 머릿속에 집어넣을 순 없으니 교육을 통해서 습득된 이미지를 개념이라는 요점정리로 메모해서 뇌라는 장에 차곡차곡 정리해 두고 필요할 때 꺼내 쓰는 거지. 아기 때는 더럽거나 위험한 물건도 아무런 두려움을 주지 않기에 뭐든 입으로 가져가서 빨다가도 교육과 경험이 늘어나 습득된 이미지나 지식들이 점점 많아지면 느낌이나 생각이 바뀌게 되니 의지와 의식도 자연스레 변하게 되고, 이런 것들이 차츰 쌓이게 되는 훈련과 습관이 자리 잡은 대가로 우리는 레몬이라는 단어만 들어도 입안에서 침이 만들어지고, 시궁창이란 말만 들어도 어디선가 퀴퀴한 냄새가 나는 것 같고, 뱀을 떠올리며 징그럽다고 느끼는, 능력 아닌 능력을 얻게 된 거지"

"그 능력 덕분에 사람들 사이의 의사소통도 더 부드러워지고 빨라지게 된 거고."

"그래. 근데 그것이 실재한다고 착각하기 때문에 여러 가지 괴로움이 일어난다니까."

"음, 그래. 실재한다는 착각."

"우리가 지금까지 계속 바로보기를 하면서 깨달아진 그거, 우리의 몸만 살펴봐도 태어나서 지금까지 눈·귀·코·입·땀구멍·항문 등을 통해 내 밖의 것들이 들어가고 나오고의 쉴 새 없는 작용들만 있을 뿐이잖아. 그러니까 나와 나 아닌 것은 이 피부를 경계로 분별지어 놓았던 생각일 뿐 딱히 나라고 할 만한 게 없었잖아? 몸뿐만 아니라 나의 느낌도, 생각도, 의지도, 행동도 순간순간 선택과 포기가 동시에 일어나면서 계속 조건에 의해 일어나고 사라지고 계속 변화하는 선상에 있는 작용일 뿐인 거구. 그런데 우리는 고정적이거나 변치 않는 것이 실재한다는 허망한 믿음으로 괴로움을 만들고 있어서 안타깝다고 말한 거야. 네가 아까 일체유심조 이야기를 하면서 화를 가라앉히거나 화나게 한 상대를 용서하기 힘들었던 것 역시 깨닫지 못한 분별이 있는 상태에서 무조건 억지로 참고 용서하기를 하려드니 힘들 수밖에 없었던 거지. 그렇게 하는 용서는 진정한 용서도 아닐 뿐더러 잠시 가라앉아 있는 상태일 뿐이라 언제든 다시 튀어 올라오게 되어 있지. 우리가 쫓기는 무서운 꿈을 꿀 때 진실로 두렵기도 슬프기도 하잖아. 근데 눈을 떠 바로 보게 되면 꿈에서 깨어 한숨 돌리고 가벼워지는데 1초도 안 걸리는 것과 같이, 일상의 삶에서 괴로운 장면이 나타날 때 그것이 무명의 어두움에서 바로 보지 못해 일어나는 꿈이라고 알게 되면 얼마나 가볍게 살 수 있겠어. 만약 적국의 첩보원인 줄만 알아 용서가 안 됐던 동료가 꿈속의 등장인물이었을 뿐이라는 사실을 알게 된 후에도 그를 용서하는 게 힘들까? 용서라는 말 자체가 우스워지겠지."

"그래서 네가 계속 있는 그대로 바로보기를 하라고 얘기한 거였구나."

"소풍을 가려고 신나 있는데 비가 쏟아지면 화를 내고 비를 원망한다거나, 뛰어가다가 돌부리에 넘어져 다치면 돌부리에 화풀이를 한다거나, 지금까지 우리는 이렇게 거꾸로 생각하며 살아서 괴로웠기 때문에 바로보기가 중요한 해법이라 한 거였어. 그러니까 결국 나를 화나게 한 일은 상대의 행동이 나쁘거나 틀린 행동이어서가 아니라 그 행동을 싫어하는 나의 마음이 일으켰던 불편함일 뿐인 거지. 돌부리나 비가 입이 없었기에 다행이지, 입이 있었다면 엄청 억울하다고 화냈을 걸. 하하. 자, 이제 네가 금고에 넣어두고 애지중지 아끼는 금덩어리가 욕심과 무지에 의해 만들어진 구리 덩어리였음을 알았으니 어찌해야 할까?"

마주 앉아 뜯어보려 했던 '화'라는 놈은 무명으로 인한 분별심을 없애니 자리도 없이 어디론가 가고 없었다. 화가 있게 한 범인은 바르게 보지 못한 나를 바로 나라고 여기고 있었던 잘 못된 인식 때문에 일어난 것이었다. 바르게 본다 함은 어떤 관점도 갖지 않고 있는 그대로를 보는 것이거늘, 모든 것에 분별심을 가지고 바라보고 있었을 뿐 아니라 안데르센의 「벌거숭이 임금님」이야기처럼 보이지도 않는 것을 멋있다며 박수치고 있기도 했던 생각을 하니, 참으로 심각한 중증 시각 장애자였다는 진단 앞에 무릎 꿇을 수밖에 없었다.

"아아! 천지창조의 피조물들 — 태초의 빛과 어둠, 위의 궁창 하늘과 아래의 물, 씨 맺는 채소와 열매 맺는 나무, 아침과 저녁, 날개 있는 모든 새, 가축과 온 땅에 기는 것, 큰 바다 짐승과 움직이는 모든 생물, 하나님의 형상을 닮은 남자와 여자, 이 일체 모두는 내가 만들어낼 수밖에 없는 것들이었어."

"오호, 이제는 그 복잡하고 어려운 우주나 지구의 나이, 인류기원의 바른 역사 그런 전제 없이도 천지창조가 저절로 뚝딱이야?"

"그러게 말이야. 나는 매 순간 내가 만들어낸 끊임없이 변화하고 있는 천지의 창조물들과 살고 있었더라고."

"네가 조물주였지? 하나님."

"……."

"하하, 일개 피조물에서 조물주로 등극하고 나니 신성모독

175

으로 마녀재판에라도 부쳐질 거 같아 차마 입을 열지 못하겠나 보구나."

"내가 메시아다, 하나님의 아들이다 라는 말을 하면서 예수가 겪었던 핍박과 야유들. 십자가의 피흘림을 떠올리니 정말 너무너무 죄송하고 안타까운 마음이 들어. 카인의 혈육임을 부정할 수 없는……."

"집단무명이 만들어낸 비극이지."

"내가 곧 길이요 진리요 생명이니 나로 말미암지 않고는 천국에 들어갈 수 없다는 말씀도 내가 만들어낸 마음이 천국이나 지옥으로 가는 길이 되는 것이니 나로 말미암지 않고는 천국에 들어갈 수 없음의 '나'는 바로 너희 자신들이며, 그 자체가 진리이며, 그것이 즉 생명의 길이라는 말씀이었던 것을."

"그러므로 하늘나라는 저 하늘 위에 있는 것도 땅속에 있는 것도 어제나 내일에 있는 것도 아닌 지금 바로 너희 안에 있으니 너희가 기다리는 메시아도 이미 왔다 하신 거지."

"그래도 뭔가 신을 따로 모셔야 하는 사람들이 못 알아들으니까, 나는 하나님의 아들이며 너희 역시 죄 사함을 받아 구원을 얻게 되면 하나님의 자녀, 부처가 될 수 있다 라고 말해 줬던 건데."

"죄 사함을 받는 구원이라는 것은 원래부터 죄라는 것이 없었음을 바로 보게 됨으로써 괴로움에서 벗어나는 것이라는 걸

말한 거였건만.'

"아무리 이렇게 저렇게 말을 해줘도 사람들의 오랜 분별에 의한 죄의식으로 못 알아들으니 '좋아. 그럼 하나님의 아들인 내가 너희의 모든 죄를 대신 지고 가서 사해 줄게. 그 말만 무조건 믿어. 그러니까 홍도야 울지 말고 수고하고 무거운 짐 다 내려놓고 그냥 오빠만 믿고 편히 쉬어'라고 하시면서 말이야."

"결국은 스스로 따먹은 선악과의 과잉 복용이 괴로움을 만들었던 거야. 자기 견해로 만들어진 좋은 것과 싫은 것을 선과 악으로 분별하면서 좋은 것은 더 많이 취해야 하고, 싫은 것은 없어져야 하는데 마음대로 되지 않음에 화가 나고 괴롭게 된, 그래서 먹지 말라고 접근금지를 내렸던 거였는데. 에덴에서 쫓겨난 것이 아니라 스스로 선택한 분별과 과욕으로 또 다른 에덴을 찾아 지금까지 하염없이 떠돌아다니는 방랑자들이 되었던 거지."

"그러니까 석가모니부처가 열반에 들기 전에 '자기 자신을 잘 들여다보고 자기를 등불 삼고 세상의 이치를 바로 보는 법을 등불 삼는 자등명 법등명으로써 각자 자신이 자기를 구원해야 한다'는 말씀을 남기셨던 거겠지."

'진실로 너희에게 이르노니 무엇이든지 너희가 땅에서 매면 하늘에서도 매일 것이요, 무엇이든지 땅에서 풀면 하늘에서도

풀리리라.'

'아, 욕구하는 주체도 대상도 있을 수 없는데 누가, 무얼 욕망한다고 말할 수 있었나. 무엇이 성립되지 않는데 무엇 때문에 화가 난다고 무승자박하고 있었나. 눈을 뜨고 보면 이미 모든 것이 밝음 속에 있었건만 눈을 꼭 감고 애꿎은 어둠만 탓하며 초를 찾고 있었네.'

모든 것을 구별 지을 수 없다. 경계를 지우고 달려오다 보니 어느새 집 앞에 도착하였다. 아침에 나올 때의 집과 많이 달라 보였다. 콘크리트 벽도 귀퉁이가 조금 떨어져 나갔고, 철 대문의 페인트칠도 색이 바래 있는 듯하였다. 부식된 우편함에서 꺼내지 않은 편지가 혓바닥을 늘어뜨리고 처져 있었다. 살아 있는 생물체뿐만이 아니었다. 무생물까지도 끊임없이 변해 가고 있었다. 변화는 또 다른 새로움이라는 것과 함께 오고 있었다. 집을 잘 찾아오긴 한 건가? 마포구 연남동 000-0.

'하루 종일 지구가 돌았으니 집도 돌았을 테고, 달과 이만큼 가까워졌으니 아침에 외출할 때 집이 있었던 위치의 공간도 아니겠지.'

"어딜 갔다 이제 오시나."
"어맛! 깜짝이야."

"지금 몇 신 줄 알어? 좀 일찍일찍 다녀. 적어두 해가 떠 있을 때 돌아다니도록 해. 기집애가 세상 무서운 줄도 모르구. 근데 왜? 안 들어가구 여기서 뭐 하구 있었어?"

이번 주에 장안에 유명하신 부흥강사님이 오셔서 교회 증축을 위한 부흥회를 한다더니 늦게까지 부흥축제가 이어졌던 모양이다. 교회 안 그들끼리 다시 한 번 똘똘 뭉쳐 찬양하고 부르짖어 기도하며 비장하게 하나님의 핏줄의식을 치르면서 서로를 부추기고 응원 받고 오는 길임을 증거하듯 많이 흥분되고 힘찬 목소리가 골목길에 퍼졌다.

"얘, 글쎄 말이야. 오늘은 전라도 어느 절의 주지스님이었던 양반이 우리 예수님을 영접하고 나서 구원을 얻게 된 간증을 하는데 어찌나 은혜가 충만한 시간이었는지 몰라. 내일 마지막이니까 너도 내일은 꼭 같이 가자."

똘똘 뭉친 끈끈한 가족사랑은 가족 이기주의를, 견고하고 열정적인 교회사랑은 교회 이기주의를, 왜곡된 민족주의와 나라사랑은 국가 이기주의를 부추겼을 뿐 진정 에덴을 등지며 걸어가고 있지 않았나 하는 생각에 안타까움과 불편함이 느껴졌다.

"응, 아니 들어, 들어가려구."

'몇 시? 일찍? 기집애? 해가 떠 있을 때?

해는 늘 떠 있는데. 달도 지구도 다 늘 떠 있는데.

엄마는 언제쯤 자신이 습관적으로 봐오고 생각하고 말하고 있었다는 걸 깨닫게 될까. 이 세상 모든 만물이 변한다 해도 엄마의 일방적 믿음은 절대 변하지 않을 거야. 나는 엄마에게 언제쯤 만족스럽게 다 보일 수 있는 입체 로얄석을 선물할 수 있을까.'

선정은 혼잣말을 중얼대며 길어질 잔소리를 피해서 급히 뛰어 들어오다가 문지방에 발가락을 부딪치며 싸한 아픔에 정신이 번쩍 들었다.

'사람이 쉽게 변하지 않는다가 아니라 그 사람에 대한 나의 편견이 쉽게 변하지 않음이 나를 불편하게 만든 거였구나.'

"하하, 그렇지. 엄마에게 로얄석을 선물해서 엄마가 변화되기를 바라는 건 아직도 여전히 예전의 습관대로 시선을 밖으로만 두고 있었기 때문이지. 일어나는 상황이나 느낌, 생각이 비어 있음을 바로 보지 못한."

"그래. 우리 엄마도 자신에게 긴 세월 동안 학습된 신앙과 선의 가치기준에서 어긋난 나의 얘기나 행동은 당연히 이상한 헛소리였을 테니 속상하고 안타까운 마음에 화가 일어나는 이치겠지?"

"사람들은 불편한 관계 해소를 위해 서로 이해나 용서를 하면서 화해를 한다고 하지만 사실 바로보기만 제대로 된다면 이해라든지 용서라든지 화해라는 말조차 필요 없는 말이 되는 거지."

"……."

선정은 환해진 얼굴로 안방으로 달려가 화장을 지우고 있는 엄마를 뒤에서 꼭 껴안았다.

"어이구! 깜짝이야. 왜 왜 너 왜 그래?"

"엄마! 안녕히 주무세요."

쑥스러워 얼른 돌아서 나오는 선정 뒤로 흘리는 엄마의 목소리엔 기분 좋은 미소가 잔뜩 버무려 있었다.

"얼씨구, 기집애. 싱겁기는."

9. 정말 우리는 둘이 아니었구나

선정에게는 시간도 공간도, 모든 것이 점점 깃털이 되어 가고 있었다.

무량원겁즉일념無量遠劫卽一念

일념즉시무량겁一念卽是無量劫

초발심시변정각初發心時便正覺

생사열반상공화生事涅槃常共和

한량없는 생각이 한 생각에 일어나고

한 생각 일어남이 한량없는 시간일세.

처음 발심한 마음이 이미 정각을 이룬 마음이고

속세와 열반이 함께 조화로움 이룬다.

의상대사의 법성게에 합장을 하고 나니 따스한 방의 기운이 포근한 둥지의 느낌을 안겨 주었다. 잠이 쏟아졌다. 오늘의 단상들을 메모해 놓고 싶은데 눈꺼풀이 연필보다 무겁다. 커피를 마셔 잠을 쫓을까 아니면 내일로 미뤄둘까 잠시 주춤거리다가 불을 켜지 않은 채 어두운 부엌으로 가 가스레인지에 라이터불 총을 쏘았다. 잠시 비릿한 가스냄새가 역하게 느껴지더니 곧 파랗고 빨간 옷을 입은 불꽃이 섞여서 춤추며 타올랐다. 주변이 금방 따뜻해져 오고 어두운 부엌은 조금 환해졌다. 차츰 주전자 뚜껑은 달그락 소리를 내며 노래를 부르고 주둥이의 하얀 연기는 순간이라고 부를 만큼의 시간도 주지 않고 날아가고 있었다.

물 끓는 소리가 점점 커지더니 헤라클레이토스의 음성으로 바뀌면서 '같은 강물에 발을 두 번 담글 수 있을까?'라고 물어왔다. 분명히 불도 연기도 있는데, 타오르고 올라가고만 연속해서 있을 뿐이었다. 모든 것의 표상은 순간순간 사라지고 없었다. 그래서 단 한 번만 일어날 수밖에 없는 거였다. 여기에서 일어나고 있는 모든 현상도 스스로 혼자 만들어지는 것은 없다. 가스와 적당한 마찰의 불총과 산소가 불꽃을 일으키고 또 산소의 포화도에 따라 파랗게도 보이고 빨갛게도 보이며, 물 분자가 열을 만나 연기로 피어오르고 이렇게 모든 것의 작용들과 작용을 가능케 하는 조건과 과정만 있을 뿐 우리에게 불리는 이름의 실체는 볼 수 없는 거였다. 업보는 있으나 작자는 없다.

하나님이라 이름 지어 부른 조물주의 정체는 조건들에 의해 이루어지고 있는 섭리, 작용이다. 하나님, 道, 다르마 이러한 이름들은, 어두워지면 우리 눈에 보이는, 하늘에 떠 있는 둥근 덩어리를 달, 月, moon이라 부르는 것과 다를 바 없는 것이었다. 본질이란 것도 있을 수 없고 당연히 그에 따른 존재도 실재가 아니다. 어떤 방식으로 어떻게 만나 어떻게 작용하는가의 조건은 새로운 교배를 끝도 없이 이어나가고, 그리하여 새로운 품종의 이름과 모양을 만들어내는 것이다. 영원히 계속계속.

하얀 연기는 선정의 생각에 부지런히 고개를 끄덕여주며 멀리 날아가 흩어지고 있었다. 어떠한 존재든 그 존재의 이유나 그 가치를 물을 수 없다. 실제로 그 존재들 각각은 존재의 의지조차 스스로 가진 적도 없다. 그러기에 존재의 높고 낮음을 말할 수도 없다. 단지 우리 모두는 끊임없이 변하고 있는 선상에 있을 뿐이다. 그래서 태어남이나 죽음도 따로 있지 않으니 우리가 기뻐하고 슬퍼할 현상들이 아니다. 그저 도의 작용일 뿐이어서 있는 그대로 보고 맡기고 받아들이면 될 뿐인 것이다. 애초부터 우리의 앎으로 무엇인가를 인위적으로 만들려 해서는 안 되는 것이었다.

학의 다리가 길다고 자르지 마라. 장자의 반주에 맞춰 비틀즈가 노래 부르고 있었다.

let it be. let it be. let it be.

관념의 잔을 비우지 않으면 하늘의 지혜를 담을 수 없다.

'모든 사물은 끊임없는 변화 속에 있다. 만물은 한 순간도 그칠 사이 없이 생성과 소멸을 반복하면서 변화한다. 어떤 생명이든 존재 순간부터 이미 부패하기 시작한다. 따라서 사물을 단단하고 확고한 범주에 집어넣는 것은 잘못이다. 하늘과 땅, 삶과 죽음, 우월한 것과 비천한 것 등 만물은 하나이다. 최상의 말은 언어를 떠나고 최상의 행위는 무위無爲이다.'

'공이다. 그렇게 진짜 나를 찾아 헤맸는데 내가 나의 실재가 아니라니 나도 없고 어이도 없군.'

"내가 수풀 속에서의 소 찾기에 너무 큰 환상을 가졌었나봐."

"응? 왜 그런 생각이 들었는데?"

"나에겐 너무 멀고도 깊은 산속이기도 하고 익숙하지 않은 환경이어서 두려움도 많았고, 무엇보다 숲에 대한 지식이 너무 부족했기 때문에 여러모로 어려웠거든."

"그런데 생각이 달라졌어?"

"물론 익숙하지 않은 곳이긴 했지만 호기심을 충족해 가는 길이 너무 재미있어서 그 길이 힘들게 느껴지진 않았어. 근데 정작 얼굴에 붙어 있는 눈을 두고 열심히 눈을 보려 애쓰고, 나라고 할 것이 없는 걸 두고 찾아다녔다고 생각하니 이 느낌이 허전한 건지 가벼운 건지 지금껏 가져보지 못한 낯선 느낌이야.

『노인과 바다』의 어부 산티아고가 몰려온 상어를 혼신을 다해 물리치며 청새치를 힘들게 잡은 후 항구로 돌아왔을 때 머리와 뼈만 남아 있던 청새치의 앙상한 잔해를 보는 허탈한 느낌이기도 하면서, 또 금방이라도 날아갈 것 같은 희열이 교차되는 묘한 기분.

저기에 자유의 문이 있다고 해서 열심히 달려와 떨리는 마음으로 열고 들어갔는데 그곳이 허공이어서 문 이쪽이나 열고 들어간 저쪽이나 결국 같은 공간이었다 라는 걸 보게 된 이 어이없음."

"하하하. 그래 네가 어이없는 거 이해는 가지만 어이없는 그것 또한 바른 시각이 아니기에 그렇게 느껴지는 것뿐이야. 이전에 가졌던 시각에서 빠져 나오는데 아직 훈련이 덜 되어서 시간이 조금 걸리긴 하겠지만 공空의 진짜 의미를 완전히 이해하게 되면 날아갈 듯이 편안해지고, 삶이 차근차근 정리되어 가면서 어떻게 살아야 할지도 보이고 기쁘게 살아가는 맛을 느끼게 될 거야. 공이라는 건 없다는 무無와는 다른 의미의 말이니까. 있지만 '내가 생각하던 대로의 나'로 있는 게 아닐 뿐이라는 거지. 공은 비어 있음을 말하는, 그러니까 '나는 비어 있다'라는 말이 더 이해가 잘될라나? 쉴 새 없이 변하면서 살아가고 있는 '과정'이 '나'가 되는 거지. 작용하고 있는 과정 자체. 우리가 폐차장에 있는 자동차나 버려진 선풍기를 보면서 자동차나 선풍기가 실재한다고 생각하지 않지? 그건 그냥 그 모양의 플라스틱과 고철덩어리일 뿐이니까. 자동차가 공간을 달리하며 달려가고 있을 때, 또 선풍기의 날개가 돌아가며 바람을 내고 있을 때 그 이름이 합당하고 실재한다고 생각되듯, 우리의 이름이나 모양으로는 내가 실재한다고 말할 수 없는 거잖아. 우리가 움직이며 살아가고 있으니까 나라고 불리는 거지. 그러니까 내가 없는 게 아니라 비어 있어서 뭐든 될 수 있는 게 나인 거지."

"음, 그래. 이것과 저것이 함께 만날 때 만들어지는 과정들이 모두가 내가 된다는 것, 그런데 그 인연들은 늘 변화선상에 있는 것이기에 나도 고정되어 있지 않다는 이야기. 그러니 색은 즉 공이며 공은 즉 색이라는 말이지? 그래서 색과 공이 다르지 않아 둘이 아니라는 거고. 묘한 진공묘유일세."

"그렇지. 바로 그것에 우리는 이름을 붙여 부르고 있을 뿐이라는 거. 또 이 인과 연들은 서로에게 끊임없이 영향을 주고받고 하며 살고 있기 때문에 나와 너의 경계가 있지 않아서 나 아닌 것이 없게 되니 전 세계 우주만물이 모두가 진정 내가 될 수 있다는 거고, 그건 즉 분별을 떠난 세계가 되어 저절로 나를 버린 삶을 살게 된다는 거."

"상대적인 가치들도 없고 가치매김이 없으니 괴로움은 자연히 일어나지 않을 테고."

"그때 비로소 진정 내가 내 삶의 주인으로서 주체성 있는 삶을 살게 되겠지, 끌려다니지 않는. 그때에 참으로 천상천하 유아독존을 외칠 수 있는 거고."

"그렇지. 나만 있는 이기적인 실존이 아니라 나 없는, 모든 것을 사랑하며 공존하는 궁극적인 실존적 존재로 살아가는 거지. 재밌는 옛날이야기 하나 해줄까?

어느 날 먼 길을 다녀온 퉁퉁 부은 발이 너무 아프고 힘들다며 투덜대기를 시작으로 몸의 다른 기관들에게 '너희는 아무 것도 안 하고 빈둥빈둥 내 위에서 무겁게만 했다'고 공격을 했어. 그러니까 팔이 '나는 짐을 들고 가느라고 얼마나 힘들었는데'라고 말하니, 눈이 얼른 나서서 '나는 길을 잃을까봐 두 눈을 부릅뜨고 가다가 또 날이 어두워져서 더 피곤하고 힘들었어'라고 말했어. 이에 귀도 질세라 '나는 너희들을 지키려고 차 소리나 위험한 소리를 듣기 위해 하루 종일 온갖 소릴 들으며 왔더니 아직까지 먹먹한 걸' 하고 말하자, 조용히 듣고만 있던 입이 '나는 너희들이 배고프고 목마르면 기운이 없어질까

봐 음식이랑 물 먹기를 부지런히 하면서 왔어'라고 했어. 그러자 모두들 '그럼 코만 아무 일도 안 했잖아'라고 비웃자 섭섭한 코가 홀쩍이면서 숨 쉬는 자기의 일을 잠시 쉬었대. 그러자 얼마 안 되어 혼쭐이 난 모두는 코에게 정중하게 사과를 하게 되었고, 모두들 서로의 수고에 대하여 감사하며 그 후에도 서로를 위하며 잘 살아가게 되었대. 짧고 단순한 이야기지만 우리가 제대로 살아가는 것에 대한 우주적인 메시지가 들어 있지 않니?"

"결국은 예수의 사랑, 부처의 자비가 어떤 말로도 대신할 수 없는 최상의 가치를 말하는 가르침이 되겠네."

"뭔가 신비하고 신통력 있는 새로운 해법이 아니라 실망이라도 한 거야? 사랑, 자비가 너무 오랫동안 흔하고 쉽게 말하고 들어왔던 말이라 새삼스럽지도 신선하지도 않다는 표정이구나. 하지만 지금까지 대다수의 우리가 그냥 머리로만 이해하고 앵무새처럼 지저귀며 간혹 인심 쓰듯 베푼다고 생각하고 행동해 온 분별에 의한 사랑과 자비와는 다른 거지."

"분별에 의한 사랑과 자비?"

"응, 상대적 사고에 익숙한 우리는 당연히 사랑을 주는 주체 '나'와 사랑을 받는 객체 '너'가 따로 분리되어 있었으니 사랑을 준다 또는 받는다, 자비를 베풀어 용서를 해준다 또는 용서를 받는다 라는 생각이 들었을 수밖에 없었지."

"……."

"만약 팔·다리·눈·코·입 얘들 모두가 자기들이 각각이라고 생각하고 있는 상태에서 감기가 걸렸다면, 처음엔 목이 따끔거리고 아프다 해도 그것을 목만의 일로 여겨 그다지 관심을 기울이지 않거나 마음을 쓰지 않다가 차츰 코도 막혀 답답해지고 머리도 지끈거리게 되고 입안도 헐어 밥을 못 먹게 되면 결국 모두가 하나의 몸에서 비롯된 것임을 바로 보게 되겠지. 그렇게 되면 빨리 기운을 차리기 위해 모든 기관은 서로 힘을 모으게 되지 않을까? 설사 머리가 자기도 목 아픈 것 때문에 덩달아 지끈지끈 아프게 되었다고 원망하고 시비를 건다 해도 겉옷뿐만 아니라 속옷까지 내어주며 몸을 따뜻하게 하고, 또 5리가 아니라 10리라 해도 걸어서라도 얼른 병원에 달려가 치료를 받으려 하겠지. 그것이 모두에게 이로운 행동임을 알게 되었는데 여기에 누구를 위해 걸어 준다, 봐 준다, 먹어 준다, 숨 쉬어 준다 라는 말을 쓸 수 있을까? 또 이렇게 힘을 합쳐 도울 수 있는 일이 교만할 일도 자랑할 일도 아니니 오른손이 한 일을 왼손에게 알릴 필요도 없게 되는 거고."

"그러니까 목이 아프고 입안이 헐어서 음식을 못 먹게 되는 것에도 귀, 코, 팔, 다리 얘들이 원망을 하거나 또는 용서해 준다 라는 말도 당연히 쓸 수 없어지겠군."

"일곱 번씩 일흔 번 아니라 칠백 번이라도 수용할 수밖에 없고, 자비를 베풀 수밖에 없겠지. 이렇게 우주의 모든 만물이 하나로서 이웃이 즉 나임을 깨닫게 되면 억지로 착해지려고 애쓰지 않고도 이웃을 내 몸처럼 사랑하는 게 저절로 되겠지. 그러니까 진정한 자비나 사랑은 주고 베푸는 게 아니라 공기, 물, 햇빛이 어디 머물지 않고 분별없이 펼쳐지듯 우리의 손짓, 발짓 모두가 그냥 그 자체가 되어 마음을 낼 때 다툼이 사라진 세상에서 모두가 참으로 행복한 삶을 살 수 있게 된다는 거지."

"지금까진 이웃도 원수도 내 몸처럼 사랑하라는 말은 아예 그렇게 해보려는 생각조차도 안 해봤어. 너무도 당연히 그렇게 하지 못할 것을 알기에 말이야. 내 가족도 친구도 제대로 사랑하지 못하는데 이웃이나 원수까지의 사랑은 그야말로 죽었다 깨어나도 할 수 없는 허무맹랑한 이야기에 가까운, 단지 계명을 위한 계명이라 생각됐었거든."

"근데 이제 가능할 것 같아진 거야?"

"음, 아니…… 그땐 이웃이나 원수가 타자였으니까. 근데 이웃과 내가 하나이고, 원수는 내 마음이 만들어낸 허상임을 보게 되니 이거 뭐……."

"하하하. 뭔가 시원하기도 하면서 과연 예전 습관대로 생각하지 않고 잘 살아갈 수 있을까 겁도 나지?"

"전에 묵자가 '네 이웃을 사랑하라'고 하면서 '그것이 너에게 유익하므로'라는 이유를 붙인 말을 들었을 땐, 나의 이익을 생각지 않고 아무 이유 없이 통 크게 그냥 '네 원수도 사랑하라' 고 한 예수보다 조금 부족한 가르침이 아닌가 하는 생각이 들 기도 했었거든. 근데 많이 짧은 생각이었네. 게다가 통 큰 가르 침이니 부족한 가르침이니 하면서 분별까지 하고 있었으니 부 끄럽구먼. 어쩐지 하나님이 인간을 창조하고서 다른 창조물을 다스리고 정복하라 했던 말이 영 찜찜하고 이해하기조차 싫더 니 말이야. 다른 창조물을 다스릴 게 아니라 분별하고 차별하 는 내 마음을 다스리고, 그 분별 속에서 휘둘려 널뛰는 나의 욕 심을 정복해라라는 말로 이해하는 게 좋겠어. 분별이야말로 인간이 만든 최고의 견고한 창조물이니 말이야. 유대인들의 선민사상이나, 백의민족, 순수단일민족 등의 분별을 만들어내 는 개념들, 또 우생학이 부추긴 장애인, 사회적 약자들, 피부색 에 의한 각종 인종차별주의의 편견들이 사라진, 진정 조나단 이 날아다니는 경계 없는 평등한 하늘의 삶이 되겠네. 큰스님, 작은 스님도 없고 진흙 속의 연꽃도 없는."

"하하하. 별안간에 큰스님, 작은 스님은 또 뭐구, 진흙 속의 연꽃은 왜?"

"사실 나 예전부터 그 말도 조금 거슬렸었거든. 스님이면 다 같은 스님이지 뭐 부처님 법을 공부한다는 수행자들이 큰스 님, 작은 스님 하며 분별하는 것이며, 또 진흙을 형편없는 흙 으로 분별하는 것도 내가 진흙이라면 기분 나쁠 것 같았거든.

히히.”

“그것 또한 분별이니 그 생각조차도 버려야지. 무소유란 말
은 물질적인 어떤 것을 버리고 소유하지 말라는 말이라기보
다 분별로 인해 취해진 편견이나 선입견과 함께 개념적으로
생각하는 것을 버리라는 말이지. 그렇게 되면 또 자연히 물질
적인 것 역시 필요 이상으로 소유하려는 마음도 적어지겠지.
사람들이 정신수양할 때 흔히 사용하고 있는 마음을 비워야
한다는 말도 바로 이러한 것들을 버리고 비워야 한다는 말인
거지.”

“마음이 가난한 자가 천국을 볼 것이라 한 말씀도 그 말씀이
었네. 하긴 임제 선사는 부처를 만나면 부처도 버리라고 하셨
다며?”

“진정으로 부처를 만나 부처를 붙잡고 있지만 않다면 중생
과 부처가 따로 있지 않음을 보게 되기에 그런 말씀을 하신 거
지. 자아, 이제 강을 건넜으니 강을 건너기 위한 뗏목은 다 버
리라고 하셨듯이 그 어떤 방편도 분별도 버려야겠지? 사실 강
을 건넜다고 하였으나 조금만 더 걷다보면 강 저쪽이라 생각
했던 곳이 이곳과 다시 만나 분별이 사라지는 자리를 보게 되
거든.”

“지이구는 두웅그니까 자꾸 걸어 나아가면 온 세상 어어
리인이들 다 만나고 오오게겠네. 이렇게?”

"하하. 근데 말이야. 지금까지 계속 고통의 주범을 분별로 이야기하다 보니 네가 오해하고 있는 게 있는 것 같아. 사실 분별하여 지어진 이름들 덕분에 우리는 더 정확한 의사소통도 할수 있고, 빨리 섬세하게 뜻을 전달할 수도 있어서 너와 내가 이렇게 긴 시간 이야기할 수도 있었고, 또 여러 작가들이 풍부한 언어로 만들어낸 창작물들로 삶을 두 배 세 배 풍부하고 편리하게 즐길 수도 있게 되었잖아. 그러니까 '분별을 하지 말라'가 아니라 단지 그것들을 실재로 착각하여 가치를 부여하고 그 가치에 집착하여 끌려다니는 어리석음으로 욕심을 일으키지 말라는 거지. 전에 얘기했던 대로 훌륭한 무사가 칼을 자유자재로 다루며 사람을 구하는 데 쓰는 것같이 분별을 가지고 놀며 유희삼매와 함께하라는."

"그래. 사실 예전엔 언어나 문자 자체에 엄청난 무게를 두어 한 마디 말이나 글도 건성으로 넘기지 않고 따져 물어 엄청 피곤했었는데, 우리가 사용하는 말이나 문자도 비어 있는 방편일 뿐이라 생각하니 이제 걸림 없이 맘껏 쓸 수 있을 것 같아. 엄마가 쓰는 '봄이 오신다'느니 '비가 오신다'느니 이런 말조차도 이상하다고 걸려 있었거든. 근데 단지 이상한 존댓말이 아니라 자연의 순조로운 순환에 감사하는 마음과 고마움을 표현하고 싶은 마음에서 저절로 나오게 된 말들이라는 거. 이젠 봄님뿐 아니라 세상 모든 만물에 존경을 표하고 싶은 마음이 드는 걸. 큰스님, 대왕스님, 골드스님, 황제스님 이래도 좋고 진흙, 참흙, 금흙, 돌흙이라고 해도 좋고. 히히."

나를 강조하고 찾았으나 정작 나는 쉼 없이 변해 가고 있기에 어느 지점에도 있을 수 없어 무아라 하였으나 이미 모든 것이 둘이 아니기에 나 아닌 것도 없었다. 일체의 모든 존재나 현상들은 일어나는 그대로의 실상이 진리 자체이니 중생이 따로 있을 수 없음에, 부처님이 평생 설법을 하셨으나 한마디 한 바 없고 한 중생도 구제한 바 없다고 하심의 진정한 깨달음으로 참 자유를 얻게 되는 것이었다.

선정은 어느새 자기의 관심들이 이해의 바다에서 춤추는 파도로 멀리멀리 확장되어 가더니 가벼워지고 자유로워지는 것이 느껴졌다. 보고, 듣고, 먹고, 분별하고, 선택해야 하는 예전의 상황에서 바뀐 건 없으나 무게가 없어진, 모양만 같은 선택과 분별이 되었다.

멀리 있던 세상의 물체들이 성큼 선정의 곁에 다가와 있었다. 보이지 않았던 아주 작은 부분들이 보이고 만져지고 냄새도 느껴졌다. 그리고 사랑스러워졌다. 열어 놓은 창문으로 꽃향기가 날아 들어와 선정의 코와 입술에 입맞춤을 해주었다.

흙으로 꽃잎 하나
빗방울로 꽃잎 둘

바람으로 꽃잎 셋

나비가 일으켰나 꽃향기 속 햇빛 냄새

이파리가 적셔 왔나 꽃향기 속 비 냄새

뿌리가 품어 왔나 꽃향기 속 흙냄새

매년 왔던 수선화, 이제야 눈에 담네.

바구니에 가득한 달래, 냉이는 엄마가 기다리던 먼 길 걸어 오신 그 봄을 모시고 들어왔다. 히말라야의 눈은 햇빛을 받아 영롱하게 반짝이다가 날아가고 있었고, 타고 있던 소는 강아지가 되어 햇살에 늘어져 자고 있다.

무릉도원이다.

"고마웠어, 지혜야. 나의 등반에 함께해 주어서 많은 힘이 되었어."

"나도 너와 함께해서 무척 즐거운 시간들이었어."

"녹은 눈이 냇물 되어 흐르네. 저것 봐, 물고기들도 보여."

"그래, 저 물고기들처럼 물과 함께 있으면서 물에 빠지지 않는, 균형감을 잃지 않는 것이 나 없는 나로서의 참 자유인으로 사는 거지. 노자는 이 성질이 물과 같아서 만물에 혜택을 주지만 남과 지위를 다투는 일이 없어서 모두가 싫어하는 낮은 지대에 고여 있고, 겸허해서 남과 다투지 않을 때 비로소 허물이 없을 수 있는 것이라 하였지. 물은 그릇의 모양에 따라 다르게 보이므로 자신의 형태를 갖지 않으며 장애를 만나면 좁은 길은 좁혀서 빠르게, 넓은 길은 퍼지면서 천천히 다투지 않고 돌아 흘러가기 때문이라 하였거든."

"그것이 부처가 말한 치우침도 걸림도 없는 중도의 삶인 거지?"

산은 산이고 물은 물이었다가 내 산이고 내 물이 되었다.
이제는 그냥 산이고 그냥 물이다.

'내가 주는 물을 먹는 자는 영원히 목마르지 아니 하리니 나의 주는 물은 그 속에서 영생하도록 솟아나는 샘물이 되리라.'

'해탈이네 해탈이다. 우리 마음 자유롭다. 세간영욕 다 버리고 운수생애 걸림 없네. 뛰다 마다 나의 자유 자유해탈 그 끝없네.'(학명선사)

해탈지견의 가사에 몸을 실어 지혜와 손잡고 덩실덩실 춤추다가 유유자적 놀고 있는 물고기들에게 살그머니 다가가서 물고기와 입을 맞추었다. 물고기의 입이 너무 차가움에 놀라 벌떡 머리를 치켜들며 흘러내린 물을 닦았다.

선정이 책상에 엎드려 꿈과 함께 흘린 침이 흥건하여 펼쳐놨던 노트를 적시고 있었고, 카세트플레이어에선 산사에서 들려오는 노스님의 독경과 목탁소리가 반복되어 흐르고 있었다.

고지 반야바라밀다 시대신주 시대명주 시무상주 시무등등주
능제일체고 진실불허 고설 반야바라밀다주 즉설주왈
아제 아제 바라아제 바라승아제 모지 사바하
아제 아제 바라아제 바라승아제 모지 사바하
아제 아제 바라아제 바라승아제 모지 사바하

"아, 잘 잤다."

10. 무릉도원에 눕다

올라오는 계단에서부터 먹 냄새가 풍겨 나오는 실기실은 이제 눈을 감아도 찾을 수 있다. 백 호짜리 커다란 화판들이 창문으로 들어오는 햇볕을 모두 막고 세워져 있어서 대낮임에도 어두웠다. 졸업 작품이라는 부담감의 무게가 더해져 더욱 그렇게 느껴지게 하였다.

그러나 선정은 어느 때보다 가벼운 마음으로 천천히 의자를 끌어당겨 화판 앞에 앉았다. 색색의 물감이 담겨 있는 작은 접시들이 막 피어난 꽃이 되고 묵향과 어울려 은은한 향기를 내었다. 그 자체로 아름다웠다.

하나도 같은 점들이 아닌 점들이 모여 선을 만들고
또 하나도 같은 선들이 아닌 선들이 만나 면을 만들고
그 형태들이 방향과 대비와 균형을 생각하며 구도라는 이름
으로 자리 잡는다.

하나 둘 색들이 입혀지면 대상들이 살아나기 시작한다.

물기를 다 빼버린 붓은 거친 느낌으로, 물기 있는 촉촉한 붓은 부드러운 느낌으로 입혀져 가니 그럴듯한 질감이 만들어진다. 색과 색을 섞으니 새로운 색들이 만들어지고 어둡고 밝은 부분으로 명암을 넣어 주니 입체가 되어간다. 손이 움직이는 방향에 따라 또 힘의 강약에 따라 대상들이 달라진다. 전에는 느낄 수 없던 희열감이 달리기를 하면서 퍼져 나가 혈관 끝에 이른다. 진한 농도의 옷을 입은 주인공은 담백한 채색의 배경이 받쳐주므로 살아난다.

아무런 만짐이 없는 여백은 무위의 정점이 되어 조화로운 한 장의 그림이 되어간다.

이 세상에 단 한 점.
나밖에 그릴 수 없는 그림. 나.

'붓을 가능하게 하는 털과 나무와 접착제와,
물감을 가능하게 하는 색소와 아교와 물과,
종이를 가능하게 하는 숲속의 나무들과,
그림을 가능하게 하는 나의 사고와 행위들과,
나는 단독자이기도 하면서 함께 있는 자로다.'

드디어 선정이 붓을 내려놓자 생명을 얻은 그림 속 대상들이 천천히 화면 속에서 빠져나왔다. 이어서 다른 친구들의 화면 속 주인공들도 하나 둘 빠져나와 모두 함께 신나는 놀이마당을 만들었다.

할머니는 가마솥에 옥수수를 찌고, 염소는 풀을 뜯으며, 참새는 누런 벼들이 펼쳐 놓은 카펫에서 허수아비를 놀려대고, 모래밭에 아이들은 옹기종기 모여 앉아 검은 먹지 위의 돋보기가 햇빛을 모으는 과정을 뚫어져라 보다가 소리 지른다.

"와아아!"

하나님이 그 지으신 모든 것을 보시니 보시기에 심히 좋았더라.

신은 주사위 놀이를 하지 않는다.

주사위 놀이가 신이기 때문이다.

얇은 먹지에서 가느다란 연기가 피어오르고 있다.

선정이 여행길에서 만난 선지식과 철학자들, 석가모니부처와 나사렛 예수. 모두 한 점에서 모이더니 순간의 연기가 되어 허공으로 날아가고 있었다.

광장의 비둘기들도 덩달아 힘차게 날아올랐다.

실기실은 어느새 그들의 신명난 웃음소리로 가득하였다.

고정해

1957년 서울에서 태어나, 서울예고와 이화여대에서 그림그리기
를 하며 세상과 친해졌다.

세상 속 다양한 사람들이 만들어낸 모양과 색들의 눈부심에 끌려,
시간과 공간의 경계 없이 만날 수 있는 책읽기, 영화, 음악으로 세
계여행 하기를 좋아한다.

신비롭게 다른 문화와 종교의 무늬들 속에서 원초적으로 공통된
빛을 찾고 만나며 자기를 확장시켜 나가는 재미를 즐기는… 매일
매일 어린이로 살기를 기도하는 사람이다.

어리둥절 깨달음

초판 1쇄 인쇄 2021년 7월 22일 | 초판 1쇄 발행 2021년 7월 29일
글쓴이 고정해 | 펴낸이 김시열
펴낸곳 도서출판 운주사

(02832) 서울시 성북구 동소문로 67-1 성심빌딩 3층

전화 (02) 926-8361 | 팩스 0505-115-8361

ISBN 978-89-5746-656-8 03220   값 12,000원

http://cafe.daum.net/unjubooks 〈다음카페: 도서출판 운주사〉